いのち輝く365日

川村妙慶

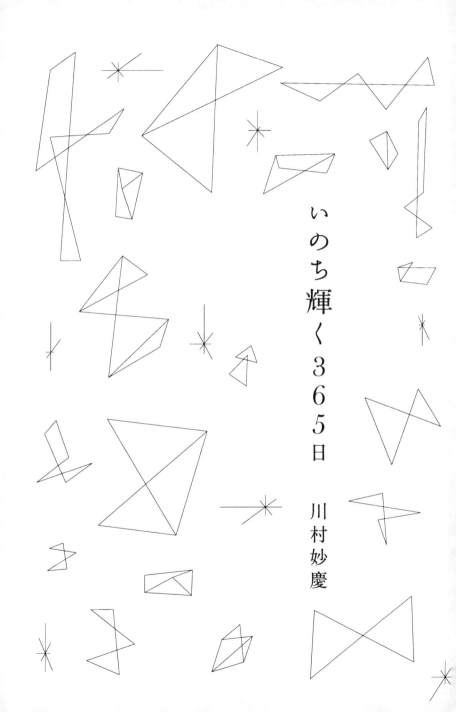

いのち輝く365日

はじめに

あなたは、どんなときに「季節」を感じますか？　季節の花が咲いたとき？　暖かくなったり、寒くなったりしたときの体感温度で？　何かの香りがするとき？　美味しいものをいただいたとき？　あの音を聞いたから？　そうですね！　まさしく人間は、視・聴・嗅《きゅう》・味・触の五つの感覚（五感）でもって季節を感じ生きているのです。

日本には、四季があります。その中でも、季節の節目として考えられたのが「二十《にじゅう》四節気《しせっき》」で、きめ細やかな季節の移ろいを示しています。

また、先人たちは、季節を色や言葉、食で表現してこられました。十二単《じゅうにひとえ》（かさね衣裳）というのは、美しく染めた絹布一枚の大きさをわずかに変えて仕立て、襟元、袖、裾を少しずつずらして着用します。ずらすことによってできた色の重なりに、季節に咲く草木花の彩りを表現するのが貴族のたしなみだったそうです。なんという風流なことでしょう。

お寺にも季節を表す行事があります。春のお彼岸は「春分の日」、秋のお彼岸は「秋分の日」を挟んで、それぞれ七日間勤められます。ちょうど太陽が真東から昇って真西に沈む時季で、古代の人たちははるか極楽浄土に思いをはせたことでしょう。

そして、八月（地方によっては七月）の盂蘭盆会《うらぼんえ》（お盆）は、夏の風物詩として今もなお受け継がれています。

さて、季節はその五感だけで感じるものでしょうか？

「心で感じる」季節もあります。春のように心が芽吹くときもあれば、夏のように気持ちが高ぶり、燃えるときもあります。秋のように物思いにふけることもあれば、人生の冬を経験することもあるのです。

今日に至るまで、世の中は急速に発展を遂げてきました。しかし一方で、すべてが便利になればなるほど、季節を豊かに感じる人間らしい心はどこかに置き去りにされてきたのかもしれません。

「忙しくて！」という言葉が、あたりまえのように使われるようにもなりました。便利になって時間に余裕ができたかと思いきや、むしろ反対です。時間から時間に追われ、収入を増やすこと、周りからも評価されることが生きがいだと思い、必死で頑張ろうとするのが現代を生きる私たちではないでしょうか。そして、頑張れなかった人は世間から置いてきぼりにされた存在になってしまうのです。

「『忙しい、忙しい』と言って、気がついたらこんな年になっていた。私の人生はいったい何だったのだろうか」。大切な自分の人生と向き合うことを怠ってしまうと、最後には虚《むな》しさが襲ってくるのです。これほど寂しいことはありません。

なぜお寺があるのでしょうか？　それは、生きることに不安を感じたり、心が満たされない私たちに、合掌することを教えてくれる「場」が必要だからです。「時」という字は、「日」に「寺」と書きます。忙しいと言っている私たちに、「静かに合掌して、二度とやってこない今という時に向き合い、自分の人生のことを考えなさい」と仏さまの教えをいただくのです。

生きるためには、経済効果を生み出すことや利益を追求することも必要かもしれません。健康で長生きすることも大切でしょう。しかし、それが真の幸せではないと、仏さまは教えてくださるのです。

どんなことがあってもありのままの私を迎え入れてくれる場が、私たちには必要なのです。「あなたもここで生きていけるのですよ」と。

一年は365日。私たちは、日々生きています。そんなとき、ちょっと見方を変えるだけで、これからの人生がさらに輝いてくるのではないでしょうか。

そこで、毎日のお供にと、『いのち輝く365日』を出版することとなりました。

この本では、親鸞聖人《しんらんしょうにん》（浄土真宗の開祖）がお教えくださった仏さまのメッセージを、私なりに受け止めた言葉で、できるだけわかりやすくお伝えしています。心の季節感をもう一度取り戻して、人生の張りを持っていただけたらと念じています。

川村妙慶

いのち輝く365日　目次

一月

1月1日

「今年こそ、今年こそは！」

何も今年こそはと力を入れる必要はありません。

大きく深呼吸しましょう。

空気が吸える、心臓の鼓動が聞こえる、体温がある……。

今、迎えることのできる自分の「いのち」の不思議さを慶《よろこ》びましょう。

1月2日

正月の「正」は、一度立ち「止」まり、どこに向かって歩むのかという問いをいただき、新たな「一」というスタートラインに立つことです。

一月

1月3日

草や木は、太陽の光に向かって伸びます。

人間は、慶びの方向に伸びていきます。

今年もこうしてあなたと新年が迎えられた「ありがとう」のたった一言の温かみで、「人は育つ」のです。

1月4日

凧《たこ》は、「風」があってはじめて揚がります。

風は目には見えません。

でも、風のはたらきがあるからこそ、凧は空高く舞うことができるのです。

阿弥陀《あみだ》さま*も、私たちの目に見えないところで、はかりしれない力をはたらかせてくださるのです。


*阿弥陀さま……浄土真宗の本尊。

1月5日

「おはようございます」というあいさつは、相手の存在を認めるしるしです。
まずは、鏡に映った自分自身に、朝のあいさつをしてみましょう。

1月6日

人はそれぞれ、その人の色で光り輝くのです。
青色に生まれた人は青。
黄色に生まれた人は黄。
赤色に生まれた人は赤。
白色に生まれた人は白。
誰の真似でもなく、自分の色のままに光ればいいのです。

二十四節気

小《しょう》寒《かん》 ——1月5日ごろ——

寒さが一段と厳しくなる時季です。

この寒さに耐えようとすると、前かがみになります。すると、身体が固くなり、ぎっくり腰になりやすいのだとか。心もそうです。自我の心を固めてしまうと、怒りが湧き起こり、相手を責めることしかできなくなります。

親鸞聖人《しんらんしょうにん》*は、「金剛心《こんごうしん》」という言葉を伝えてくれています。金剛とはダイヤモンドのことで、「柔らかくて硬い」という意味があります。「金剛心」は、「柔軟《にゅうなん》心《しん》」とも言われます。「柔軟心」とは、勝負に負けてもどんなに悲しくても、その境遇を受け入れてそれをエネルギーに変えて生きる心のことです。

「私の考えは絶対に変えない！　あなたが変わればいい！」という姿勢では、豊かな人生は送れません。まずは、自分の心を柔らかくしませんか。「心を柔軟」にすることで、人間関係は明るくなります。

「ごめんね」「ありがとう」。この言葉には、寒さを乗り越えられる温かみがあるのです。

*親鸞聖人……鎌倉初期の僧。浄土真宗の開祖。（一一七三～一二六二）

1月7日

目を閉じて、胸に手を当ててみてください。

そこに心臓がドックンドックン動いています。

その心臓を自分の意志で、止めたり動かしたりできますか？

私たちは自分の力で生きているつもりでいますが、心臓の鼓動ひとつ、自分の思いで止めることも動かすこともできないのです。

1月8日

昔は良かった？

それは今の自分が認められないだけなのです。

私たちは、過去にすがって生きているのではありません。

去年より今の自分が尊いのです。

昨日より今の自分が輝いているのです。

1月9日

洗面とは、ただ顔の汚れを取るという意味だけではありません。
額《ひたい》、眉、目、鼻、頬を洗いながら、いのちの大切さを知ります。
こうして、いのちの中に、私というものが存在していることを慶ぶのです。
毎朝、顔を洗いながら、いのちの原点を見つめましょう。

1月10日

私たちは、自分の都合で「善と悪」を判断します。
だから、昨日までの「善」が、今日は「悪」になることもあるのです。

1月11日

人は一人抜きんでて自ら光っているのではなく、多くの人の中に存在する自分であるからこそ、光る自分になれるのです。

1月12日

「ありがとう」の反対語は、何でしょうか？

「ありがとう」は、「有り難う（有ることが難しい）」と書きます。

答えは「あたりまえ」です。

ごはんが食べられて「あたりまえ」

親が面倒を見てくれて「あたりまえ」

プレゼントをもらって「あたりまえ」

これでは、感謝を表す「ありがとう」という言葉が出てこなくなるのも「あたりまえ」です。

一月

1月13日

仏事は、生きている我々がご先祖に「何かをしてあげる」というものではありません。

お内仏《ないぶつ》（仏壇）の花は、すべて私たちの方に向けられています。

私たちが仏さまに供えるのなら、逆ではないでしょうか？

仏さまは、仏事を通じて「本当の自分と向き合えよ」とお教えくださっているのです。

1月14日

今や「心の時代だ」と言います。

しかし、その心があやふやなのです。

心にかけて誓っても、時間がたてば私たちの心は煩悩《ぼんのう》*でもみくちゃになります。

そんな安定しない心をよりどころに生きるのではなく、「こんな危なっかしい私がいるんだ」ということを知るのが大切なのです。


*煩悩……欲望や怒り、不安や迷いを生む愚かさなど、悩みを生む心のはたらき。

1月15日

自分に厳しく人にも厳しい人は、周囲が疲れます。

自分に厳しく人に甘いと、自分が疲れます。

自分に甘く人に厳しいと、嫌われます。

自分もOK、他人もOK。

共に学んでいこうという人こそ、バランスのとれた人と言えるのです。

1月16日

自分の姿は、自分の目に映りません。

自分のことを一番知っているようで、一番知らないのが自分です。

自分のことがわからないから、「感情的になったり」「投げ出したくなったり」「逃げ出したり」してしまいます。

仏教に出遇《であ》うと、そういう自分がはっきり見えてくるようになるのです。

1月17日

会話は、キャッチボールと同じです。

相手が取りやすいボールを投げるのが基本です。

投げる側が、相手が今どんな気持ちなのかということを考えず、自分のストレスを解消するかのように投げていくと、相手はその球を受け取れなくなってしまうのです。

1月18日

幸せに暮らしている時は、「生まれてきてよかった」と言います。

思いどおりにならない時には、「生まれてこなければよかった」と逆怨みさえします。

しかし、それは自分の都合でしか、ものを見ていないのです。

私の「いのち」は、自分勝手につくることはできない、生かされている「いのち」なのです。

1月19日

終わりを気にしていたら何もできません。

いつか別れなければならないのなら、はじめから付き合う必要もない。

人間は死ぬのだから、生きていることには意味がない。

最後はこうなるだろうからやめておこうというのは、人生を生きていないのと同じです。

1月20日

「今日一日の自分のドラマに、どんな人物が登場するのだろう?」

そんなふうに想像するだけで、ワクワクしてきませんか。

今日の出会いを、人との縁を大切にしていきましょう。

二十四節気

大《だい》寒《かん》 ——1月20日ごろ——

一年で最も寒さが厳しい季節です。お寺の蹲《つくばい》（手水鉢《ちょうずばち》）にたまった水が氷となり、厚く張りつめる頃に大寒だなと感じます。

さて、冬は天然の冷蔵庫に入っているみたいなもので、身体も心も冷えて固くなります。冬こそ身体と心のメンテナンスを心がけましょう。

例えば、身体のメンテナンスは、ストレッチ、ウオーキング、深呼吸などです。心のメンテナンスとして、私は冬にあえて明るい色の服を着ています。すると、気分が晴れやかになるのです。気持ちが変わると、心も緩み、ゆったりと冬を過ごせそうです。

そして、静かに合掌する時間を持ちます。今まで引きずってきたことを流し、現実を慶んでありのままいただくのです。その「受け止める心」が余裕となり、心を柔軟にしてくれます。

寒いからこそ、縮こまるのではなく、自分の身体と心に向き合いましょう。

1月21日

自分というグラスの中に、怒りの水があります。

怒りがこみあげてくると、水がグラスからあふれて、自分自身を見失ってしまうことになります。

カチカチになった頑固な自我を、逆さまにしていきましょう。

グラスの中を空っぽにしてこそ、本当の生き方をいただけるのです。

1月22日

赤ちゃんは、「おぎゃあ！」と泣いて生まれてきます。

「人生は、うれしいことばかりではない。同時に、苦しいこと、悲しいこともあるのだよ」

赤ちゃんの泣き声は、仏さまからの「いのちのメッセージ」なのです。

1月23日

「あなたは役に立たぬ」という一言で、人は死に追いやられます。

なぜ死にたくなるのでしょうか？

それは、「役に立たぬものは意味がない」という価値基準の世界に住んでいるからです。

仏さまは役に立つとか立たないとかで人を見ません。

あなたの「存在そのもの」が大切なのだと教えてくれるのです。

1月24日

私たちは、人にしてもらったことは忘れてしまいますが、人にしてあげたことはいつまでも覚えています。

すると、してあげたのに感謝されないとき、愚痴が出てきます。

「させていただく」という捨て身の心（布施《ふせ》の心）から、はじめて何かをいただけるのです。

1月25日

「死」をはっきりと見つめることによって、「生」をもっと慶ぶことができます。

一度しかない人生だから、今の一瞬も無駄にできないのです。

死を覚悟してこそ、人生の意味や深さを知り、無常を知り、感謝も感動もできるのです。

1月26日

世の中に完璧な人間などいません。

人間は、失敗を繰り返すものなのです。

「失敗するはずのない自分」が失敗してしまったと思うから、後はないと感じるのでしょう。

むしろそこからがスタートなのです。

一月

1月27日

「雪」という文字の下の字は、「ほうきで掃き清める」という意味のほかに、「手のひら」という意味もあります。

落ちていく雪をつかむとすぐ溶けていきます。

人生も、つかもうとするのではなく、そっと手のひらで受け取っていきましょう。

1月28日

楽しいことはそう都合よくやってきません。

大切なのは、今あることを楽しめるかということです。

「エンジョイ（楽しむ）」というのは、「ジョイ（楽しいこと）」を「エン（中に入れる）」という意味です。

すべてのことを楽しめるか楽しめないかは、あなた次第なのです。

1月29日

人間は甘やかすと傲慢《ごうまん》になります。

いいことが続くと調子に乗ります。

「仏法をいただく」とは、思い上がる私たちの人生に、一つまみの「法という塩」をいただくことを指すのでしょう。

それが私の味になるのです。

1月30日

宗教の「宗」という字には、「要《かなめ》」という意味があります。

「肝心要」という言葉があるように、「あなたは背骨をしっかり持っていますか?」という問いかけなのです。

扇には要があります。

扇を開かせるのも閉じることができるのも、要がしっかりあるということなのです。

1月31日

一切の生き物は他を生かし、他に生かさせてもらっているという法則があります。何億年もの時間を経たいのちの連続において、あなたも私もかけがえのない存在として生かし合っているのです。

二月

2月1日

葉っぱは、上から下へと落ちていきます。
雨も上から下へ、水も上から下へと流れます。
しかし人間は、ときには下から上へ上がろうとします。
それは無常の理《ことわり》をわかっていない姿、無理をしている姿なのです。
自然の理を、しっかり見ていきましょう。

2月2日

自分の中に、腹立ち、怒りが増えれば増えるほど、心の中の鬼が増えていきます。
近くに仏さまがいても、自分の欲が鬼をつくっているのです。
地獄は周りにあるのではありません。
地獄の世界を自分自身がつくっているのです。

二月

2月3日

「鬼（苦）は外！　福（楽）は内！」だったら、世間は鬼だらけ。
私たちは幸福を求めて生きているので、鬼だけを追い出したいのでしょう。
これでは、他人の家には不幸が入り込んでも構わないということになります。
その心がすでに、鬼の要素を持っているのです。

2月4日

葬儀とは、「お世話になった人たちに別れを告げ、お礼を申し上げる場」です。遺族や参列者は、亡き人から学びお世話になったことを振り返り、頭を下げ、お念仏《ねんぶつ》申す*のです。
人生の最期を「死」の悲しみや寂しさだけで終わらせるのではなく、感謝でもって見送るのが「葬儀」という場なのです。

*念仏……仏の名を称えること。浄土真宗では「南無阿弥陀仏」。

2月5日

何が自分を変えられないのでしょう？

それは「思い」なのです。

「これはこうだ」「あれはこうに決まっている」「私はこれで生きている」と、自分で心に決め事をつくっているのです。

「思い切って」違う自分を発見しましょう。

今まで執着していた「一つの思い」を断ち切ることで、視野も広がり人生が変わるのです。

2月6日

人間は、なぜイライラするのでしょうか？

それは、「怒り」が心にたまっているからです。

息を吐いて、「怒り」を外に出し切ってしまいましょう。

そして、新鮮な空気を吸うと体が浄化され、本来の自分を取り戻せるのです。

二十四節気

立《りっ》春《しゅん》　——2月4日ごろ——

立春というと、寒かった冬は終わり、花が咲き、気温の穏やかな日々をイメージしてしまいます。

しかし、立春は正確には「春が立つ」という意味で、立春を迎えた頃から気温は底を打ち、徐々に春めいた気温や天気に変わっていく、ということだそうです。

つまり、立春は、これから本格的な春がやってくるための寒さなのです。

人生もそうですね。いつになったら「人生の春が来るのだろうか？」と、先の見えない不安が襲ってくることもあるでしょう。しかし、それは人生の冬という大地に「立てていない」からです。

親鸞聖人は、「仏地《ぶつじ》に樹《た》つ」とおっしゃいました。

大地にしっかりと根を張った樹木が大風によっても倒れないように、しっかりとしたよりどころに根をおろした心は、倒れることはありません。そこが仏地（仏法の大地）なのです。焦ったらあきまへんよ。

2月7日

幸せは外の世界にではなく自らの内にあることを、仏さまは教えてくださいます。しかし、理屈ではわかっていても、私たちはそれを忘れて、地位や名誉、物質的なもので幸せをつかもうとするのです。

2月8日

私たちは、煩悩を抱え持つ凡夫《ぼんぷ》*です。
だから、清く、明るく、優しく生きたいと思っても、きっかけさえあれば、面《つら》の皮ははがれ落ち、欲張る心、怒りの心、ねたむ心がいつでも出てくるのです。

*凡夫……愚かで悟りの境地に達していない、煩悩だらけの人。

2月9日

人生の「失敗と挫折」が、私たちを成長させてくれます。梅も、暑い夏、寒い冬を何とか乗り越えてきたからこそ、こうして年に一度、美しい「花」を咲かせるのです。

2月10日

私たちは、うれしいことだけを求めて生きようとします。それは、逆に言えば、嫌なことが起こるのではないかといつもびくびくしている生き方です。

仏教に出遇うと、自分の好き嫌いよりももっと大切なものがあることに気づかせていただけるのです。

2月11日

聞くというのは何でもないことのようですが、本当は何よりも難しいのです。自分の都合のいいように聞くことはできても、話す人の思いをそのまま素直に聞くことはなかなかできません。

2月12日

生活の中に、もっと笑いを見つけませんか。

単調だと思った日々も、笑いをつくることで大きく変わります。

なぜなら笑いは、怒りを静め忘れさせてくれる、人生最高にして最良のクスリだからです。

2月13日

「心」を「亡くす」と書いて、「忙しい」と読みます。

物を無くしても代わりがありますが、心を亡くしてしまった毎日は味気なくって寂しさばかり。

忙しい時ほど、胸に手を当てて立ち止まりましょう。

これでいいのか？

このままでいいのか？

2月14日

愛の裏には、さまざまな欲望が隠れています。

「愛憎」「愛着」「愛欲」「愛執」……。

純粋な愛を貫くことは、なかなかできません。

愛情が深ければ深いほど、その愛に応えてくれないものには憎しみや怒りの心が比例して強くなるのです。

2月15日

大根の種から、大根ができます。

梅の木に、梅の花が咲きます。

人の心は、凡夫の種から苦悩や怒りを経験し、優しさという芽が出て希望の花が咲いてくるのです。

2月16日

他人を見ればその他人はどこまでも「悪人」

自分を見ればどこまでも「善人」

許すも許さぬも、私たちは自分を中心として感情的に相手を見ています。

しかし、仏さまの眼をいただくと、「自分も許されて生きているのだ」ということを学ぶのです。

二月

2月17日

人が亡くなるとき、「息を引き取る」と言います。「息を引き取る」とは、目の前の人が最後に吐く息を引き受けさせていただくことなのです。

2月18日

自信というのは、経験して積み重ねていくものではなく、むしろ経験したことを捨て、原点に戻れる柔軟な心が引き出すものです。

自分ひとりだけで経験を重ねれば「我流」になります。

我流ではなく、自らを導いてくれる人に出会うことが自信につながっていくのです。

2月19日

「どうして遅れるの！」ではなく「出るとき何があったの？」

「あなた、おかしいわよ！」ではなく「私はこう思うんだけど、どう思う？」

「こうしなさいよ！」ではなく「こうしたらどうかな？」

「本当にひどい人ね」ではなく「私、悲しいな」

きつい言葉を直すと、気持ちが伝わっていくのです。

2月20日

「ご冥福をお祈りします」とは、「あの世でも幸せになってください」ということです。

これは、亡くなった方を侮辱する言い方なのです。

私たちが一段上に上がり、亡き人を見下すことになります。

亡き人は、「仏さま」になられたのです。

雨《う》水《すい》 ——2月19日ごろ——

空から降るものが雪から雨に変わり、氷が溶けて水になります。草木が芽生える頃で、昔から農耕の準備を始める目安とされてきました。先人の表現力は素晴らしいですね。

本格的な春の訪れにはまだ遠く、大雪が降ったりもします。そして、三寒四温《さんかんしおん》を繰り返しながら、春に向かっていくのです。

私たちの心も、寒さで凍えてしまう時もあれば、温まりゆったりとした気分になることもあります。この心は常に外の状況によって、行きつ戻りつを繰り返しているのです。そんなとき、「私は弱い」と嘆かないでください。コロコロと流される私をしっかり知らせていただきましょう。

親鸞聖人は、「人間は弱い」ということを教えてくださいました。その弱さを持ったまま、「愚に生きた」方です。そのままの私が、仏の教えにより転じられたのです。

春一番が吹く季節。辛い向かい風に、「負けない！」と耐えるのか？　視野を変え逆境を追い風にしていこうとするのか？　あなたが雨風にどう向き合っていくかですね。

2月21日

「感謝」は、「謝を感じる」と書きます。

「謝」というのは、「あやまる」と読みます。

本当の「感謝」というのは、「ありがとう」だけではなく、「ありがとう」と「ごめんなさい」が合わさった気持ちのことです。

すべてのことを謙虚に受け止め、受け入れてこそ、本当の感謝ができるのです。

2月22日

私たちは、「愚痴」とか「怒り」とか「貪《むさぼ》り」の毒を、自分で作ります。

そして、その毒が、体の中をぐるぐる回り、私というものを殺そうとしています。

いただいた尊いいのち。

与えられた自然のままに、大切に生きていきませんか。

2月23日

失恋して、人を思いやるということを学びます。
仕事で失敗して、今何が足りないのかを振り返ることができます。
病気をして、今生きている不思議さを感じることができます。
挫折して、人の悲しみを知ることができます。
失敗は、私たちへの最高の贈り物なのです。

2月24日

仏教の教えは、簡単に「わかりました」と答えられるものではありません。

逆に、今まで簡単にわかっていたはずの生き方が、わからなくなったという方がいいのです。

2月25日

阿弥陀如来像は、私たちに左手を差し出されているような姿をしています。

それは、「あなたを必ず救いますよ」という姿です。

いつでも阿弥陀さまの方から、救いの手を差し出してくれているのです。

2月26日

長年生きていると、「先入観」が生まれます。

何を見ても「こういうものだ」と決めつけて、そういう色にしっかり染まってしまっているのです。

先入観を捨てないと、新しい出会いはありません。

いつまでも自分の心が染まっている限り、何を見ても自分の色でしか見えないのです。

2月27日

自分に不都合なことは「一刻も早く忘れたい」と思うものです。しかし、都合の良いことは「ずっと続いてほしい」と願います。いつまでも、いつまでも。

この思いが、私たちの苦しみをつくるのです。

2月28日

自分の意志で、信仰を持てるものではありません。

身内を亡くした、重い病気を宣告された、体が不自由になった、離婚した、失恋した、仕事がうまくいかない……。

さまざまな経験により、「自分のいのち」に心を向けることができるようになります。

そこから宗教的な人生は始まるのです。

〔2月29日〕

私たちは、どうにもならないことを必死に追いかけて、振り返ってばかりいます。
だから「愚痴」が出るのです。
大切なのは、ありのままの自分を正直に見ていくことです。
今置かれている状況をそのまま受け入れましょう。
すると、自然に「余裕の心」が生まれるのです。

三月

3月1日

「老けた人」とは、すべてに答えを持っている人のこと。

「若い人」とは、心の内に問いを持てる人のこと。

これでいいのか？

どうしたらいいのか？

その問いが、成長しつづけるための第一歩なのです。

3月2日

「かわいそう」という言葉は、その人を自分の外に置いて見ているのではないでしょうか。

「私がどうにかしてあげたい」というのは、実は思い上がりなのです。

自分の力ではどうにもならないことを知り、目の前の悲しみに向き合うしかないのです。

三月

3月3日

水槽《すいそう》で金魚が生きています。

こんな場所から逃げ出して、鳥のように自由自在に飛びたいと叫んでも、空を飛ぶことはできません。

金魚は、水の中で生きるしかないのです。

私たち人間が、魚になりたいと海に飛び込んでも、そこで生きていくことはできません。

自分の生きていくところは、今の場所以外にはないのです。

3月4日

人は、裸で生まれ、裸で死んでいきます。

お金や肩書を持ったまま、あの世に行くことはできません。

合掌している姿は、その人本来の姿、素のままの自分です。

ほんの数秒手を合わせることで、本来の自分の姿に立ち返り、自らの心の声を聞くことができるのです。

3月5日

私たちは、見えるものに価値を置きます。

しかし、目に見えないものも大切なのです。

「ありがとう」

「恩に着ます」

「ご縁ですね」

これらのものは目に見えません。

目に見えないカゲの部分も見ていきましょうということから、「お蔭さま」と言うのです。

3月6日

私たちは、他人の欠点ばかりを探し、責めることばかりに目を向けます。

そして、最終的にはそのことで、自分までもが苦しむようになってしまいます。

それを「地獄の心」と言うのです。

二十四節気

啓《けい》蟄《ちつ》 ——3月6日ごろ——

大地が暖まり、冬ごもりしていた虫が春の訪れを感じ、穴の中から出てくる頃です。「啓蟄」の啓は「ひらく」、蟄は「土中で冬ごもりしている虫」の意味だそうです。

誰が教えたわけでもないのに、自然と目が覚める。不思議なことですね。「私はいつになったら芽が出るのだろうか?」と焦っている人もいることでしょう。しかし、必ずタイミングというものがあります。

待つ心を持ちませんか。

何でも片っ端から当たっていくのではなく、タイミングを待つ。そのためには、日頃から学び、エネルギーを蓄えておくことです。

必ず芽が出る時期があります。決して焦らないことです。

3月7日

「光」を感じると気持ちが落ち着きます。
これは、光にあたたかいエネルギーがあるからです。
阿弥陀さまも、私たちにあたたかい光を注いでくださいます。
その慈悲の光で、私たちは安心して人生を歩むことができるのです。

3月8日

私たち人間をはじめ、鳥、虫、馬、牛、魚、草木、花……。
どれ一つ人間が作ったというものはありません。
それらは如来《にょらい》*の命を賜《たまわ》り、みずみずしく育ったものなのです。

*如来……仏の尊称。

3月9日

自分が常識人だから、悪いことをしないのではありません。
もしもとんでもない状況に追い詰められたら、何をしでかすかわからないのが、
凡夫である私たちなのです。

3月10日

「病」を恐れるのは、健康が一番だと思い込んでいるから。
「老い」を避けるのは、若さという思いあがりがあるから。
「死」を問わないのは、生者のおごりがあるから。
苦しみを避ける心に、本当の慶びはありません。
量ることのできない、尊いいのちを生きましょう。

3月11日

生きている間だけが、「いのち」ではありません。
家族、恋人、友人たちと分かち合った時間は、記憶の中に生き続けます。
そして、時の流れ、「いのち」の流れの中に、歴史となって存在していくのです。

3月12日

悲しい時や悔しい時には、思い切り泣きましょう。
思い切り涙を流すことで、自分の心をリセットすることができます。
「涙」とは、身体から「水（さんずい）」を出して、自分を取り戻すことなのです。

三月

3月13日

「無宗教」と言いながら、私たちは自分に都合のいい宗教を持っていませんか？

3月14日

「死にたくない！　終わりたくない！」

どんなに泣き叫んでも、いつまでも生きていくことはできません。

どれほど「なごり惜しい」と思っても、縁の中で決まっていくのです。

3月15日

私たちの人生は、思いどおりにいきません。

当てがはずれてばかりです。

しかし、仏さまはこう呼びかけておられます。

「何かを当てにするのではなく、しっかり大地に根を張って生きよう。上に咲く花ばかりを見ていないで、しっかり大地に立ちなさい」と。

3月16日

いのちは、数字では表せません。

年齢や存在で計るものでなく、どんな人も同じ一つのいのちを生きているのです。

いのちは比較するものでもありません。

比べると、いつまでも若くて健康であることが一番になり、老いることや病気は受け入れられない、という考え方になってしまうのです。

3月17日

人のために善いことをしてやっていると思い込んでいる人を、「善人」と言います。

「善人」は、いつも上から目線で、自分の行為を反省することがありません。

そして、何か問題が起きると、自分ではなく他の人や物事にその原因があるのだと信じて疑わなくなるのです。

「善人の家には争いが絶えない」と言われる所以《ゆえん》です。

3月18日

生きている中で「おもしろい！」「素晴らしいな！」「きれいだな！」という感動をいただいているでしょうか？

毎日の出来事に心を動かしているでしょうか？

「感」じて心を「動」かすこと。

これが「感動」なのです。

3月19日

「私はお寺へ行き、腹を立てなくなりました。これも信心のたまものですね」と言う方がおられます。

しかし、今日一日腹を立てずにおれたのは、自分の心が善いからではなく、腹を立てる縁（条件）がなかっただけのことなのです。

3月20日

すべて科学的・合理的にものごとを解決しようとすると、人間らしさを失います。

答えがすべてではありません。

答えを出せないところに、人間としての「情」が生まれるのです。

本当のことがわからないことを、「見濁《けんじょく》」と言います。

二十四節気

春《しゅん》分《ぶん》 ——3月21日ごろ——

春分の日には、太陽が真東から昇って真西に沈み、昼と夜の長さがほぼ同じになります。

仏教では、春分の時季に「彼《ひ》岸《がん》法要」を勤めます。一般には、墓参りをするのが慣例となっていますが、ご先祖にお参りするだけの意味ではないのですよ。「彼岸」の反対の言葉は、「此《し》岸《がん》」です。今、私たちが住んでいる世界のことで、仏教では「娑《しゃ》婆《ば》世界」とも言います。「娑婆」は昔のインドの言葉で、「堪《かん》忍《にん》土《ど》」とも訳され、堪《た》え忍ぶ世界という意味です。この世は、堪え忍ばねばならないことがたくさんあります。

生活を切り詰め、誰からも認められずに悔しい思いで生き、会社や家庭では煩わしいことが続いていきます。この此岸の中で自分を見失い、世間の価値観の中でおびえ、希望を失おうとしているのが私たちなのです。

苦悩の絶えぬ人生だということを認め、後は仏法を聞かせていただくことで、阿弥陀さまの救いにおまかせして生きていきませんか。

彼岸は、力を抜いて自分らしい時間を取り戻すための大切な仏教行事なのです。

3月21日

あなたには二人の親がいて、親にもまた二人ずつ親がいます。

おとうさんとおかあさんに、四人のおじいちゃんとおばあちゃんを合わせて六人。

これを三十代さかのぼると、総計二十一億四千七百万人の出会いが自分のいのちの背景にはあるのです。

もしこのうち一人でも欠けていたら、あなたは存在していません。

あなたの存在は奇跡なのです。

3月22日

人の名前には、子に対する親の深い愛情と願いが込められています。

それなのに画数などを気にしていると、その願いはどこにも届きません。

いただいた自分の名前が尊いのです。

あらためて自分の名前を慶びましょう。

三月

3月23日

悪いと知りながらやってしまう罪も、もちろん問題です。
しかし、知らない間にやってしまったという罪は、もっと根が深いのです。
なぜなら、振り返るきっかけが持てなくなるのですから。

3月24日

執着とは、幸せをすべて自分のものだと握りしめている状態です。
両手で握りしめている執着心を、片方の手の分だけでも捨てていきましょう。
手放すことで片方の手は軽くなり、別のものが入ってくるのです。

3月25日

自分が正しいと思っていたら、他人の偉大さは認められないのです。

最後まで人と出会うことはできません。

結局は、人も傷つけ、自分も傷ついてしまうことになるのです。

3月26日

阿弥陀さまの「救い」は、「これだけお念仏《ねんぶつ》を称《とな》えたら、あなたを救いましょう」「これだけお布施をしてくれたら、望みをかなえますよ」というようなものではありません。

「一人ももらさず、必ず救う」です。

私たちが「ああだ、こうだ」と心配しなくても、阿弥陀さまは私たちを救おうと、はたらきかけてくださるのです。

3月27日

木は、大地に根づき生きています。

桜は桜、松は松として精いっぱい生きています。

しかし、人間は理屈をつけて生きてしまうのです。

「こんなことをするために生まれたのではない。私はなぜこんなに不幸に生まれたのだろうか？」

今、自分がいることに感動しましょう。

自分自身に感動できる人が、「生きて輝く」ことに出遇えるのです。

3月28日

自分の心がうれしい時には、その心が目の前のものを笑いに変えます。

しかし、自分の心が悲しいと、すべてが悲しく映ります。

つまり目の前のものは、自分の心次第でうれしくも悲しくも変わるのです。

3月29日

椿の花がポトリと落ちるのを見ると、「縁起が悪い」と言います。
しかしそれは、椿の持つ習性であり、自然の道理にすぎないことです。
良いとか悪いということではありません。
それは、自然の理《ことわり》なのです。

3月30日

喜びしか知らないというのは、不幸な人かもしれません。
うなだれて、落ち込んで、そこにかすかな光を感じるのではないでしょうか。
苦しみを経験して、はじめて本当の「優しさ」を知るのではないでしょうか。

三月

3月31日

亡き人に「○○してやりたかった」という後悔の念は、「私が」という自分中心の心からきているのです。

「亡き人から何をしていただいたのか？」

「あの人が何を伝えようとしていたのか？」

亡き人からのメッセージを聞いていきましょう。

胃

4月1日

春になると桜が咲きます。

桜が自分の意志で、好き勝手に咲くのではありません。

春が来たから咲くのです。

私たちも一人一人の時期を待ち、それぞれの役目を生きましょう。

4月2日

なぜ、自分で自分を苦しめてしまうのでしょうか？

それは、明るい自分（健康、家庭円満、金、出世など）にしがみついているからです。

辛いのは、現実をきちんと見ようとしないからです。

「明暗」「生死」「善悪」を切り離した状態で「明」「生」「善」を追いかけていたのでは、一生迷い続けることしかできないのです。

四月

4月3日

満開の桜は、人生の華やかさを教えてくれます。

やがて散りゆく桜は、人生のはかなさを教えてくれます。

この二つがあってこその「人生」なのです。

だから「今」が、生きている実感として味わえるのです。

4月4日

信心とは、「仏に何かを求めること」だと思っていないでしょうか？

「仏さまに求めた分だけ見返りがある」

そんな期待をしていないでしょうか？

それは、計算づくの「都合のいい信心」です。

私たちが求めたものと、実際に与えられるものとは異質なのです。

4月5日

顔に刻まれたしわは、老けていくしわではありません。

人生をしっかりと生きてきた「人間の深み」なのです。

4月6日

「執着」という字には、「着く」という字があります。

常に「こうなりたい」「ああなりたい」という欲望のシールが、べたべたと張り付いているのです。

しかし、いつかは化けの皮がはがれる時がきます。

真実（ありのまま）に生きてみませんか。

そうすると、何も張り付ける必要がなくなり、解放されて明るく生きていけるのです。

二十四節気

清《せい》明《めい》 ——4月5日ごろ——

「清明」は、春先の清らかで生き生きとした様子を表した「清浄明潔《しょうじょうめいけつ》」という語を略したものです。万物が若返り、清々《すがすが》しく明るく美しい季節で、待ちに待った桜の花が咲きほこる時でもあります。

さて、サクラ色という色はどこにもないそうです。絵の具にも作れない。ふじ色も、あずき色も茜色もないそうです。すべて自然がおりなす季節の贈り物なんですね。

京都で桜を守り続ける佐野藤右衛門さんは、「桜がきれいな五日間だけに目を向けるのではなく、それ以外の三百六十日も桜の人生なんや。ツボミでも、あれが咲いたらどうなるやろう、どんな色やろう、いつごろ咲くやろう、と想像すれば楽しめるんや」とおっしゃいます。さらに、「人間というものは、自分の都合で自然を見てるけどな。反対なんや。人間が、自然の方に合わせなあかんのや」とも。

目に見えない幸せを追い求めるのではなく、目の前の状況をしっかりと受け入れてこそ、深い人生になるのですね。

4月7日

今日が最後。

そう思って生きてみませんか。

すると、ありきたりの日々が、黄金色の朝に変わっていくことでしょう。

4月8日

4月8日はお釈迦《しゃか》さま*の誕生日、「花祭り」です。

お釈迦さまの誕生日をただ祝うだけではなく、今自分がここに生まれた意味や、「いのち」について考えるという日でもあります。

この地球上にあるものに、意味のないものは一切ありません。

すべて意味があって生まれてきたのです。

＊お釈迦さま……仏教の開祖。前五六五～前四八六（諸説ある）。

4月9日

「天上《てんじょう》天下《てんげ》唯我《ゆいが》独尊《どくそん》」とは、世の中で自分ほど偉いものはないという意味にとられますが、そうではありません。

上とか下とか比べることなく、尊い私の「いのち」をいただいたということ。

この「いのち」は、他の人と比べることはできません。

「人間は平等。そして、その一人一人が生まれながらに尊い存在なのだ」

これがお釈迦さまの教えなのです。

4月10日

人間は、「自分は正しい」という自我の心を持っています。

人の目は外に向けられてついているので、どうしても他人の弱さや間違いはよく見えるのです。

「あなたね」と指をさす残りの指は、自分に向けられていることを忘れずに。

4月11日

すべては無常の人生の一場面です。

あなたにとって都合のいいことも不都合なことも、一度だけの「いのちが込められている一瞬」なのです。

だから、二度と来ない一瞬を味わっていくことが大切なのです。

4月12日

怒りは、あなたの目を曇らせ、迷わせるものです。

相手の怒りの土俵に乗らずに、あなたが大人になって距離を置きませんか。

怒りは、いずれ静まっていくでしょう。

時間は、心の名医なのです。

4月13日

「太陽」が仏さまなら、私たちは「月」です。

月が美しく光るのは、太陽に照らされているからです。

人間は、自分から光り輝くことはできません。

仏さまの慈悲の光に照らされ、私たちも光らせていただくのです。

4月14日

私たちは、自分自身で苦労をつくってしまうことがあります。

それは、自分で勝手に価値を下げて劣等感の中で苦しんでいるのです。

「深信《じんしん》自身《じしん》」

迷いの中に埋没して生きることしかできない私たちですが、どうか自分自身を信じてください。

私たちは、「人生を大切に」という仏さまの願いをいただいた身なのです。

4月15日

仏さまの前に座ると、私の汚い心の姿が照らし出されます。

悪いことと知りながらも、そのようにしか生きられないのが私たちです。

仏さまは、そんな私たちの姿を悲しまれながらも、救いの目当てとしてくださっているのです。

4月16日

「あの人と一緒のお墓に入りたくない」というのは、煩悩を抱えた人間の感情です。

しかし、私たちは亡くなれば、お浄土*で仏にならせていただくのです。

浄土は煩悩が吹き消される涅槃《ねはん》の世界であり、醜い心も、怒りも腹立ちも、貪《むさぼ》りもありません。

親しかった人とも、憎しみ合った人とも、穏やかに出会うことができるのです。


*浄土……煩悩や汚れのない阿弥陀仏のすむ西方極楽浄土。

4月17日

私たちが言い訳をするのは、自分を崩したくないからです。
ただ自分を守りたいからなのです。
今できないことは、たとえ環境に恵まれていてもできないものです。
今までにしなかったことは、する気がなかっただけのことなのです。

4月18日

人間の魅力とは、何でしょうか？
それは内面から香りが漂ってくることです。
仏事にお香を使うのは、仏さまの慈悲と徳を香りで表しているのです。
煙たい人ではなく、香る人になりましょう。

4月19日

足元を見ずに先のことばかりにとらわれてしまうと、常に迷いのある人生を歩んでしまいます。

大切なのは、「ここで生きていく」と自分の立ち位置を決めることです。

4月20日

善悪で会話をすると、どちらかが負けを宣言しないと収まりません。

しかし、けんかは勝つためにするのではなく、相手にわかってもらうためにするのです。

負けには怨みしか残りません。

「どうかわかってほしい」

そんな気持ちを、言葉に託して伝えていきませんか。

穀《こく》雨《う》 ——4月20日ごろ——

この時季から、温かい春の雨が多く降り始めます。そして、この雨でうるおった田畑は種まきの季節を迎えるのです。

私は、幼少のときから雨が大好きでした。トタンの屋根に落ちる雨の音になぜか癒されていたものです。雨が降ると、「怠けられる」という解放感があったのかもしれません。

人によっては、雨は行動をさえぎるうっとうしいものでしょう。しかし、雨は恵みをもたらせてくれるものでもあります。

「雨降って地かたまる」とはよく言ったもので、雨は人生を妨げるものであったのに、そのことがきっかけとなってお互いの信頼関係も生まれ、良い関係ができるのです。

人間は、困難な状況を経験して、すべてを受け入れられる深い心になれるのかもしれませんね。

4月21日

私たちは、人に迷惑をかけずに生きているのではないのです。

人に迷惑をかけながら、生かされているのです。

そのことに気づかせていただくことが、大切なのではないでしょうか。

4月22日

私たちは、まだ生きている過程にあります。

「私はこんな人生だ」

「あの人の人生はこういう人生だ」

そんなことはわかりません。

考えても仕方ありません。

みんなまだ途中なのです。

今日も途中の人生を生きていきましょう。

4月23日

友引《ともびき》だからといって葬式を延ばし、今日すべきことを明日に延ばす。

そんなふうに「暦」を気にしすぎると、もったいない人生を送ることになります。

人間の作ったそんな不確かなものに振り回されて、大事なことを見失ってはなりません。

4月24日

私たちは裸で生まれてきました。

それなのに今は、両手いっぱいの荷物を抱えています。

どれも捨てられないどころか、日々、不満を抱えています。

「私は恵まれていない」と。

確かに、世の中には不公平だと思えることはたくさんあります。

しかし、幸せそうに見える人が本当に幸せとは限らないのです。

与えられているところに目を向けませんか。

4月25日

一人でいると寂しくて、大勢いるとにぎやかで楽しいというイメージがあります。
ところが、仏教に出遇うと、どんな状況になっても不安ではなくなるのです。
仏さまが側におられると思うと、どんな時も心が穏やかになれるのです。

4月26日

現在の私は、過去の集大成です。
どんなに後悔しても、過去を変えることはできません。
しかし、これから自分がどう生きるかによって、過去は転じてきます。
「これでよかったのだ」とうなずけるようになるのです。
「これから」が「これまで」を決めるのです。

四月

4月27日

「ごめんね」

このひと言で、人は必ずわかり合えます。

このひと言で、人は許し合えます。

4月28日

寂しくなったら、「南無阿弥陀仏《なむあみだぶつ》」*と称《とな》えてみましょう。

お金や物は災害や盗難で失うことはありますが、心の中に阿弥陀さまを感じていると、大切なものを失うことはありません。

阿弥陀さまは、「悲しみは半分、喜びは倍」となって、私たちに寄り添ってくださるのです。


*南無阿弥陀仏……浄土真宗では、この六文字の名号（念仏）を称える。

4月29日

あなたが流した一粒の涙は、やがてあなたの人生に深みを与えてくれることでしょう。

涙は、自分の煩悩をあらわに表現している大きな粒なのかもしれません。

そこからやり直していける人生がお浄土なのです。

4月30日

「生きている」のではなく、「生かされている」のだと発想を転換できたとき、はじめて力の抜けた生き方ができるのです。

自我中心の「わがまま」に生きるのではなく、「ありのまま」に生きさせていただきましょう。

五月

5月1日

この世の中というのは、何一つ自分の思うとおりになるものはありません。その思いどおりにならないことを思いどおりにしようとするから、苦しみが生まれるのです。

5月2日

当たらずさわらずの人生には、味は出てきません。新茶もゴシゴシともまれてあの渋い味が出てくるように、私たちもさまざまな人間関係の中で、学び、悔しさを味わい、そこから自分の生き方が見つけられるのです。

5月3日

ストレス発散や癒しは時には必要ですが、それは一時しのぎにしかすぎません。悩みを消臭スプレーで一時的に消しているだけなのです。悩みの本質、悩みの根っこを見ていないので、翌日には再び悩んでしまいます。そして、どんどん深みにはまってしまうのです。

5月4日

行き詰まったら、木にもたれて空を眺め、この自然に包まれていることを知りましょう。

「人」に「木」と書いて、「休む」

力まかせに生きるのではなく、力を抜いてゆったりと休む時間を持ちましょう。

5月5日

子どものいない親はいません。
子どもが誕生するから親になるのです。
子どもにも親が必ずいます。
共にお互いが生きているのです。
お互いが「いのち」を引き継いでいるのです。

5月6日

きつい言葉を発する人は、その言葉がきついということをわかっているのでしょう。
しかし、誰かに向かって吐き出さないと、自分が保てないのかもしれません。
人間は強いのではなく、弱いのです。

二十四節気

立夏《りっか》 ――5月6日ごろ――

立夏のころから、夏の気配が感じられます。服装も軽やかになり、窓を開け、気持ちも前向きになれる時でしょう。

しかし、すべての人がそうだとは限りません。四月から意気込んで頑張ったのに、壁にぶち当たり落ち込んでいる人もおられることでしょう。

この時季は、草木が「鬱蒼《うっそう》」と茂ります。「鬱蒼」の「鬱」の字には、木が二つ付いていますが、「茂りがあって、なかなか見通しがつかず、こんがらがって鬱屈している」ことを意味します。つまり、意欲があっても先が見えず、不安になっているのです。

それは、先ばかり追いかけるから辛いのです。「八方ふさがり」という言葉がありますが、出口を一生懸命探しても焦った時には見えません。その時には大地に身を投げ出し、空を見上げればいいのです。

仏さまがあなたをそのまま受け止めてくれ、自然に包まれていることを知ります。そこから何か今、自分にできることを少しずつやっていけばいいのです。

5月7日

勝ち負けだけを追い求めると、一生、競争心に引きずり回されることになります。

そのためにも「忘れる」ことが必要です。

過去は取り戻せません。

だからこそ、次に何ができるかを考えていきましょう。

忘れることは、負けることではありません。

「どうでもいいや」と思えたとき、私たちは競争心から解放されるのです。

5月8日

いかにも頑丈そうな松の木ですが、強い風が吹き荒れると折れてしまいます。

しかし、柔らかい草は、どんな強風が吹いてもなびくだけで折れることはありません。

私たちが頑として自分の考えを曲げなかったら、何かと衝突して、松の木のようにボキッと折れてしまうことでしょう。

5月9日

自分の足の裏を見て、触ってみてください。
足の裏は、一日中あなたを支えてくれて、あなただけのために働いています。
ねぎらいながら、もんでみましょう。
自分自身の身体をいとおしみましょう。

5月10日

「一生懸命、お念仏しています。どうにかならないのでしょうか？」
これは「自力《じりき》＊」の心です。
どうしたら救われるのかと考えているうちは救われません。
仏さまの教えに出遇うと、「どうにかしたいという思い」が打ち破られ、それが
どうでもよくなっていくのです。
そこに本当の救いがあるのです。

＊自力……自分ひとりの力で悟りを得ようとすること。

五月

5月11日

「あなたには、私の苦しみなんかわからないだろう」

こうして苦労の自慢話をするのは、他者を切り捨てているのと同じです。人間というのは、良いことを独り占めしようとするように、苦労も独り占めにし、自分だけを特別な人間にしようとするのです。

5月12日

猿の親子の姿を見てください。

子猿は親猿にしっかりつかまり、親猿は子猿を受け止めて移動しています。

子猿は親猿を信頼しきっています。

私たちも、子猿のように信頼して、阿弥陀さまの懐に抱かれて生きていけばいいのです。

5月13日

人間は、自分に都合のいいと感じたことを「善」と言い、自分に役立つことを「是」とします。

自分に都合の悪いものを「悪」と言い、自分に邪魔な存在を「非」と呼びます。

しかし、私にとって都合のいいことが他の人には「悪」であり、相手にとって「是」であることが私にとっては「非」であることもあるのです。

5月14日

健康であることもお与え、病気であることも「休み」のお与え、仕事をさせていただいているのも「働きなさい」というお与え、今、仕事がないのも「時間」を与えていただいているのです。

すべてがお与えであったのだなと気づいた時、すべてに感謝できるようになるのです。

5月15日

家族や恋人、友人との死別は辛く悲しいものです。

しかし、人生の中で、別れがなければ、私たちは鈍感な日々を送ることになります。

むしろ、その別れがあるからこそ、「生死無常」という大切なことに出遇わせていただくのです。

5月16日

私たちは、澄み切った水どころか、煩悩で濁った水の中に生きています。

煩悩に流されて、自分を見失ってはいませんか？

大切なのは、泥という煩悩を抱えた身であることを自覚しながら、「私を生きる」ということなのです。

5月17日

人間関係がうまくいかないときに、私たちは相手に非を求めます。

しかし、どんなに目くじらを立てて、「そちらが謝るべきだ」と言ってみても、解決はしません。

相手は変わらないのだから、自分の方が成長する以外に真の解決はあり得ないのです。

5月18日

人間というのは、「たった一言」で心が安らぐものです。

多くの言葉はいりません。

言葉で泣かされ、けんかもする。

しかし、言葉で生きる気力を持たされ、言葉で生かされることもある。

言葉はそれぞれに、私に命を吹き込んでくれます。

5月19日

印鑑を変えたら幸せになる。

この壺を置いたら運が開かれる。

こんなことで幸せになるのなら、長い文化や歴史の中で伝えられたもの、科学や宗教も必要でなくなってきます。

5月20日

シャツのボタンも、はじめをかけ間違うとすべてずれてきます。

家づくりも、元の基礎が傾いているとすべて傾きます。

私たちも、教えを間違って聞いてしまうと、真理を知らないままに虚しい一生を過ごしてしまうことになるのです。

二十四節気

小《しょう》満《まん》　――5月21日ごろ――

万物が次第に成長し、草木が実をつけ始める時季です。暑さも感じられるようになり、田植えの準備も始まります。秋にまいた麦の穂が育ち、ほっとひと安心することから、「小さな満足」という意味で「小満」という名がついたと言われています。

さて「満」でも「不満」というのがあります。「私は恵まれていない」など、「欲求が満たされない気持ち」です。これは誰にでもあります。お釈迦さまは、「欲は底なし」とおっしゃいました。なぜなら、「満たされても、また次の欲が出てくるのですよ」と。

得ることとだけに目が向けられていませんか？　今与えていただいていることに、感謝しましょう。身近にあることをしっかりやって、それが誰かのお役に立てたとき、小さな満足という喜びが生まれるのではないでしょうか。

5月21日

寿命の長さが大切なのでしょうか？

人間としての生命は延びたでしょうが、死が今も、「生」の足元にあるという事実は変わりません。

ただ、私たちはそのことを忘れ、死をはるかかなたに置き忘れているのです。

生まれてきたことは偶然で、死は必然なのです。

5月22日

思いがかなったら「奇跡」、思いがかなわないと「不運」となるのでしょうか？

どんな出来事にも原因があり、縁があるのです。

人間の計算でも奇跡でもありません。

自分にとって特別の喜びを「奇跡」と言っているだけであり、それはただ単に縁が整っただけなのです。

五月

5月23日

腹が立ったら、スポンジを触ってみましょう。

スポンジは柔らかく曲がり、いろいろなものを吸収します。

そして、必ず元の形に戻るしなやかさがあります。

茶わんを洗いながら、車を洗いながら、柔らかく柔らかくと自分に言い聞かせましょう。

5月24日

恐れなくてはならないのは、孤独ではなく、孤立することです。

孤立は自らの生き方のみを肯定し、反対に他人を認めず拒否してしまう姿です。

自分を認めないものに対しては、憤りとなり、怨みともなります。

こうした私たちのうちにはたらく独善的な思いこそ、人との出会いと交わりを閉ざしてしまうのです。

5月25日

人間の知恵は、どこまでも自分の解釈が入ってきて、「知っている」ことだけを頼りにします。

知識があればあるほど、本当のものが見えなくなるのかもしれません。

一度、知識という「武器」をとって、仏さまの照明で、私そのものを見ていきませんか。

5月26日

「愛別離苦《あいべつりく》」


大切な人、好きな人とも、いつかは別れなければなりません。

この苦しみから逃れることはできないのです。

ずっと一緒にいたい。

そう思っていても、永遠という約束は誰一人できないのです。

だからこそ、今日という一日を大切に生きさせていただきましょう。

5月27日

相手から学ぶということは、相手に対して頭が下がるということです。

「私は何もわかっていなかったな」と学ぶことです。

「豊か」という字の上は、「曲がる」と書きます。

自らが曲がり、相手に寄り添ってこそ、自分も周りも豊かな心になり幸せになっていくのです。

5月28日

阿弥陀さまを信じるのは、交換条件ではありません。

本当に信じることができるのかということなのです。

阿弥陀さまが「あなたを救いますよ」と言ってくださっているのに、疑いをかけているのは私たちなのです。

5月29日

今ある小さな幸せを大切にしてください。

その幸せを踏みつけて、もっと大きな幸せを求めてしまうと、大切な種をもなくしてしまいます。

幸せはあなたの足元にあるのです。

5月30日

自分に常にシッポを振ってくれればかわいいのですが、ちょっとでもよそ見をすると憎しみや嫉妬に変わってくる……。

これが「愛」の正体なのかもしれません。

5月31日

「浄土」とは、喜び、憂い、悲しみ、苦しみを共に分かち合い、向き合える場のことです。

死後の世界だけのことではありません。

今、生きてこそ出遇える場のことなのです。

六月

6月1日

朝目覚めた時に、そっと手を上にあげてみます。

そして、グーパーグーパーして手を動かすと、「この手がある」「今日も目覚めることができた」という感動をいただけます。

「また朝が来た」と思うと、毎日がつまらなくなります。

「今日にしかない出会いがあるかも？」と思うと、目覚めも変わってくるのです。

6月2日

「今日は雨で、嫌な天気ですね」などと言います。

しかし、天気に良い悪いはありません。

あるのは受け取り方の違いです。

良し悪しを判断しているのは、すべて私たち人間の方です。

自分の都合だけで物事をとらえるから、うまくいけばうれしく、思いどおりにならないと辛い気持ちになるのです。

6月3日

亡き人に生前ご縁のあった人が、頭を下げお礼を言う。
もう一度、亡き人と出会い直していくきっかけを持つ。
そして、「私もいずれ白骨の身となる」という自覚をいただく。
それが、葬儀という場なのです。

6月4日

法話*は、仏さまの前に座って聞きます。
何度も繰り返し聞かせていただく。
そうしているうちに、仏法は毛穴から染みとおってくるのです。

*法話……お寺などで僧侶が仏法を中心に伝える話。

6月5日

目の前の人は、あなたにとっての鏡となります。
あなたが愚痴を言えば、相手も愚痴で返します。
あなたが怒れば、相手も怒ります。
あなたが笑えば、相手も笑います。

6月6日

命はみな同じで、どんな死に方をしても死の重さは同じです。

それなのに、「この死に方は幸せ。この死に方は不幸」と勝手に決めつけているのは悲しいことです。

二十四節気

芒《ぼう》種《しゅ》 ―6月6日ごろ―

芒種は、稲など芒《のぎ》（穂）のある穀物の種まきをする時季です。

しかし、どれほど良い種をまいても、良い土が耕されていないと芽は出てきません。私たちの心も、日々の生活の中で、心が固く冷たい土のようになってはいないでしょうか？

お釈迦さまは、「田を耕す」とは「心の田を耕す」ことであるとおっしゃいました。どれだけ良い教えに出遇っても、受け入れる心の器ができていないと受け取ることができません。

仏さまの光に照らされながら、柔らかで温かな心を養っていきましょう。そうすれば、良い種から芽が出て、いずれあなたの花は実をつけることができるのです。

まずは心の器づくりから。

6月7日

私たちが生きていく中で、苦しみ、悩みが絶えることはありません。
しかし、その悩みから逃げると、何も気づけずに終わってしまいます。
むしろ悩みを持つことで、かけがえのない教えに出遇うことができるのです。

6月8日

苦しいとき、まずは歩いてみましょう。
壁にぶつかって痛さを味わってみましょう。
その中から、どちらへ方向転換したらいいかを教えていただけます。
暗いトンネルなんか歩きたくないと思うかもしれません。
しかし、暗さを経験するからこそ、本当の明るさが見えてくるのです。

6月9日

何をするにも占いに頼るというのは問題です。なぜなら、自分自身の目で確かめ、考えるということができなくなるからです。ただ惑わされ、流されるだけの人生になるのです。

6月10日

相手のために良かれと思ってすることでも、必ずしも良いことをしているとは限りません。与える親切が「良いことをしているのだ」という主張になると、相手はしんどくなるのです。

6月11日

仏教とは、おはらいをしたり、嫌なことから目をそらして苦に遭《あ》わないようにしたりする教えではありません。

生かされ生きる私たち、一人ひとりに向けられている「仏と成る教え」なのです。

6月12日

人生は三つの段階に分けられます。

それは「生まれ」「生き」「死ぬ」ことです。

生まれる時には気がつきません。

死ぬ時は一瞬か、苦しみながらです。

その間にある多くの時間、肝心の生きている時には、私たちは生きていることさえ忘れているのです。

六月

6月13日

コインの表裏のように、人にも長所と短所があります。
両方あって、一人の人間なのです。
人の裏だけを見れば、見えるものは欠点ばかりになってしまいます。
いいことと悪いことを同時に見ていきましょう。

6月14日

他人と比べるからわからなくなるのです。
相手がうらやましいと思えてしまうのです。
どうしても比べたければ、自分と自分を比べてください。
「どちらが自分らしいのかな?」と。

6月15日

本当に明るい人とは、どんな人のことを言うのでしょう?

日(昼)と月(夜)を合わせて「明」

つまり「明」は、昼(日)と夜(月)を合わせ持った人。

人生の明るさと暗さを、同時に引き受けて生きることのできる人なのです。

6月16日

はじめから「感謝」というのはありません。

さまざまな経験、挫折、失敗を味わい、時間を過ごす中でようやく「ありがたい」と思えるのでしょう。

今、あなたが与えられているすべてのことは「仏縁」なのです。

6月17日

見かけだけ賢く取り繕ったり、表面上だけ頑張ってみても、心の奥底には偽りだらけの自分がいる。

そのことに気づいてください。

自分一人でできることなど決してないということに気がつけば、自分を大きく見せる必要もありません。

自分を偽らず、ありのままの姿を知りましょう。

6月18日

私たちは、きっかけ次第で怒りをあらわにし、その怒りは死ぬまでなくなることはありません。

だから、仏教の話を聞いたからといって、急にいい人になったり怒りが静まったりするということではないのです。

6月19日

木々は、季節の移り変わるままに、花を咲かせ、葉を落とします。
それは、「いのち」そのものをいただき楽しんでいるかのようです。
人間だけが「そういうふうにはなりたくない」と、不自然なことばかりしています。
だから幸せを実感できないのです。

6月20日

自分の力で光らせるのではありません。
阿弥陀さまという「他力《たりき》*の光」にあてられ、私たちははじめて光ることができるのです。

*他力……阿弥陀仏が人間を救おうとする本願の力。

二十四節気

夏至《げし》 ——6月21日ごろ——

一年のうち昼間が最も長く、夜明けがとても早い時季です。

親鸞聖人は、比叡山《ひえいざん》では悟りに至る道を見出せなかったので、歩むべき道を仰ごうと、尊敬する聖徳太子が創建した京都の六角堂《ろっかくどう》に、百日間の参籠《さんろう》をされました。そして、苦しみ抜いた九十五日目のこと。暁《あかつき》に、救世観音《ぐぜかんのん》から夢告《むこく》を得られたのです。

目覚めた親鸞聖人は、「あとはお念仏をいただき、力を抜いておまかせして生きよう」という気持ちに至り、吉水《よしみず》の法然上人《ほうねんしょうにん》*の草庵を訪ねたのでした。

夜に考え込んでも解決できないことがあります。まずはゆっくりと身をまかせ、力を抜いて朝を迎えませんか。夜が明ければ、太陽の日に照らされ、心も自然に回復していくことでしょう。

*法然上人……鎌倉初期の僧。浄土宗の開祖。親鸞聖人の師。(一一三三〜一二一二)

6月21日

人間誰しも、きついことを言われたら落ち込みます。
しかし、同じ言葉で落ち込むも元気をもらうも、あなた次第です。
どんなに厳しい言葉でも、相手があなたに関心があったからいただけた言葉なのです。
そう思うと、苦手な人との付き合い方も変わってくることでしょう。

6月22日

何が何でも手放せない心を「執着」と言います。
執着があるから人は悩むのです。
一度手にしたものは絶対取られてなるものかとイライラ、トゲトゲします。
私一人のものにしようとする。
それではいつまでも心は落ち着けません。

6月23日

あなたが人とどう向き合うかで、相手もおのずと変わるのです。

うぬぼれは、知らず知らずのうちに人の心に巣食って、真実を見えなくしてしまいます。

おごらず、飾らず、ありのままの自分として生きていけばいいのです。

6月24日

私たちの名前は一人ひとり違いますが、仏さまからいただいた名前は、皆同じ。

「無明《むみょう》の凡夫《ぼんぷ》」という名前なのです。

私たちは、「凡夫（ただ人）」として生きる道しかないのです。

6月25日

仏法に出遇ったから一瞬にして苦しみがなくなる、というようなことはありません。

その苦悩や悲しみを縁として、「もっと大切なことに気づかせてもらう」という出遇いをいただきます。

転んだときに、「大地が支えてくれている」ことを知るのです。

6月26日

良い場所ばかりを求めながら生きるのではなく、そこに潜んでいる「痛い経験」も必要なのです。

「良薬は口に苦し」

厳しい言葉の中には、必ず自分を育ててくれるものが潜んでいることを教えられるのです。

6月27日

「自分は善いことをしている」という自惚《うぬぼ》れを持つと、人の罪が許せなくなります。

罪を犯してしまった人と、どう向き合うのか？

倫理を完全に守ることのできない自身に深い恥じらいを持つ時にこそ、人と人とが出会っていけるのです。

6月28日

「ありがとう（有り難う）」とは、「今、有ることは大変難しいことなんだ」という感激の言葉です。

私たちは、人として生まれなければ仏法に遇うこともできず、そして信心をいただいて仏道を歩むこともできません。

しかし、これほどの不思議はないのです。

6月29日

愚痴の中身は、「自分中心に物事を考える」というところにあります。
自分中心を少しだけはずしてみましょう。
仏法が心の心棒になることで、自分の心の視野が広がっていくのです。

6月30日

花が咲くのは、花を咲かすことのできるいのちを持っているからです。
その「いのち」を育てるものは根っこです。
私たち人間も、見えない根っこの部分に、育てられています。
ご先祖、親、兄弟姉妹、夫、妻、恩師、友人、彼女、彼……。
すべてが根っこでつながっているのです。

七月

7月1日

仏さまは罰を与えたりしません。

たとえどんなに罪の深いものでも、限りなく憐れみ、慈しんで最後は救ってくださるのです。

7月2日

「仏さまの普通」は、「世間一般の普通」とは全く違います。

「世間一般の普通」とは、多数がこうなっているからというのが基準で、そこからはみ出ると異常となります。

「仏さまの普通」は、人はみな一人ひとり違うもので、自分というものをそれぞれが持って成長していけばいいと考えるのです。

7月3日

あなたの幸せの「基準」はどこにありますか?

社会が認めていることを成し遂げたということで、自分自身の幸せだと思いこんでいるのは幻想であり、しんどい生き方でしかありません。

幸せに生きている人とは、「世の中の常識に流されず、人と比較しない人」のことをいうのです。

7月4日

「寺子屋」という言葉があるように、お寺は皆が気楽に通える場です。

うれしいときも悲しいときも、どんなときでも行き来できる場なのです。

道場ともいい、自分の人生の道を問い聞いていく場でもあるのです。

7月5日

「諸行無常」とは、この世の中で、永遠のもの、変わらないものは何一つないということです。

すべては変化をしていて、生まれたり滅びたりしています。

それなのに私たちは、目の前の物事を、確かなもの、変わらないもの、永遠のものと思い込んでしまうのです。

7月6日

水道の栓をひねると、あたりまえのように水が出ます。

水は、壁から出てくるのではありません。

水源から管を通って、私たちの元まで届けられるのです。

私たちが今ここにあるのも、過去の多くのご縁があったからです。

そんな縁や恵みは、時間をかけて私たちに届けられているのです。

二十四節気

小《しょう》暑《しょ》 ——7月7日ごろ——

梅雨が明け始める時季ですね。

梅雨といっても、年によって空梅雨で水不足になったり、大雨が降ったりすることがあります。人間とは、本当に勝手なものです。梅雨の時季に雨が降らなかったら、「雨が欲しい」と愚痴が出てきます。しかし、長雨が続いたら、「仕事ができないし、どこにも行けない。洗濯物も干すことができない。早くあがってほしい」と愚痴が出てきます。

この人生、思いどおりにはいきません。

では、何が大切なのでしょうか。それは、与えられたことを受け止めるということなのでしょう。

雨の日には雨の日の生き方があります。雨の日を通して、気づき学ぶこともあります。

縁一つ、状況次第でどう変わるかわかりません。真実に照らされれば、自分の不実さ、愚かさが知らされるのです。愚痴が出たときには、「私はまだ事実を受け止められないんだな」ということを知りましょう。

7月7日

生きがいは、目の前に楽しいことが与えられるから持てるのではありません。

たとえどんな環境にいようとも、この私が私であって良かったとうなずけた時、本当の生きがいが見えてくるのではないのでしょうか。

自分にできることを精いっぱいさせていただいたらいいのです。

7月8日

迷信にとらわれていると、あるがままを生きることができなくなります。

自分にとって恐れること、邪魔なものは避けたくもなりますが、避けては通れません。

しかし、お念仏をいただくと、そんな不都合なことも含め、今あるすべての出来事をそのままいただくことができるのです。

7月9日

「死」という字を見てください。
左はご遺体の姿、右は一人の人間が跪《ひざまず》き、頭を下げている姿だそうです。
つまり亡き人と生きている者とが出会っていくという姿が、「死」という字なのです。

7月10日

人は迷ったときほど、他に目がいかなくなり、そこだけをじっと注視してしまうもの。
そんなときには、視野を広げ、空気を変えるのです。
そして、回復できる時間を持つことです。
さあ、ちょっとその場を離れ、心の空気も入れ換えてみましょう。

7月11日

知恵があるばかりに、善悪という縁を心の中につくってしまうことになります。
認められるのは「善」、失敗することは「悪」、暗い人は「損」
それらはすべて、知恵というモノサシで善悪の線引きをしているのです。
そして、悪という枠の中に入ると許せなくなります。
しかし、その善悪は、「自分の都合」なのです。

7月12日

仏さまは、慈悲の雨を降らせます。
私たちの体に降らせてくださる慈悲の雨。
雨の音で呼び覚ましてくださる慈悲の雨。
空から「あなたが目当てだよ」と降り注いでくださいます。
「あなたはこのままでいいのか？　本当の生き方を見つけてほしい」と。

7月13日

どれだけ強い人間でも、自分の力で地球をコントロールすることはできません。
つまり「自力」だけでは間に合わないのです。
人間は弱い存在です。
たった一人では生きていけません。
共に助け合って生きていくことしかできないのです。

7月14日

「囚《とら》われ」という字は、人が口の中に入っていると書きます。
自ら枠をつくってしまっているのです。
囚われとは、「私はこうしなければならない」という思い込みのことです。

7月15日

仏教は足し算です。

例えば、病気になったとします。

すると私たちは、人生を引き算で考えてしまいます。

「私はあと三カ月のいのちなのか?」

「私が生まれた意味はあるのだろうか?」

しかし、そうではありません。

病気になることで、いのちは自分の思いどおりにならないことを知らせてもらえるのです。

7月16日

やまびこは、ヤッホーと言えば、ヤッホーと返ってきます。

あなたが「しんどいよ」と叫べば、阿弥陀さまは「しんどいだろう。心配しなさんな。そばにいるから」とそのまま受け取ってくださいます。

これを「呼応」と言います。

七月

7月17日

「一蓮托生《いちれんたくしょう》」など、蓮の花は仏教でしばしば用いられています。
蓮は、私たちの人生そのものを教えてくれます。
蓮は、きれいな水の中では咲かず、泥田で咲きます。
煩悩の汚れがあるまま、それを養分として育ち、美しい花を咲かせるのです。

7月18日

自分のしてきたことだけを誇りに思う人を、「善根《ぜんこん》の人」と言います。

この気持ちで阿弥陀さまに救いを求めても、自分の思いどおりにならなければ「阿弥陀さまより、○○教の方が良かった」と、自分に都合のいい幸せしか受け入れられなくなるのです。

7月19日

「誰も自分に感謝してくれない」

そう言うあなたは、ほかの人に感謝していますか？

7月20日

海は、雨も風も泥水も光も魚も、すべてのものを受け入れる大きな懐です。

その海と同じように、広大な阿弥陀さまの慈悲は、老若男女、罪や修行の程度を問わず、すべての人を受け入れてくれます。

7月21日

人は「思い」という執着の穴にはまると、それをどんどんほじくって、穴を深くしていきます。

穴をがむしゃらに掘っているほうが楽だからです。

そして自ら掘った深い穴から、抜け出すことができなくなってしまうのです。

7月22日

「この話は、私ではなくあの人が聞くべきだ」

「これは私には関係ない」

こんなふうに仏法を聞くと、いつまでも他人事でしか聞こえません。

「他人のことではなく、あなたのことなんだよ！」

そう言い当ててくださるのが仏さまなのです。

7月23日

年を重ねるということは、山登りと一緒です。

二合目では見えなかった景色も、五合目、八合目と登ることによって、だんだんと視界に入ってきます。

年を重ねることによって視野が広がり、今まで見えなかったパノラマの景色が一望できるようになっていくのです。

7月24日

「自分にとってありがたいものがあるのが宗教だ」

そう思っている人が多いようです。

だからご利益《りやく》なども期待するのでしょう。

しかし、どこかに「ありがたい光るもの」があるのではありません。

その前に、あなたの心の扉を開くことが大切です。

そこではじめて仏さまと出遇うことができるのです。

二十四節気

大《たい》暑《しょ》 ——7月23日ごろ——

文字を見ただけで、燃えるような暑さを感じます。梅雨明けの時季で、夏の土用もこの頃です。

大暑の頃は、庭や道路に「打ち水」をして涼を感じていました。先人の生活の知恵ですね。

さて、私たち人間にも打ち水は必要です。人間関係の中で、カッとなり興奮したりすることがあります。また、正しい判断ができなくなったとき、「頭を冷やせ」と言いますね。

興奮しているときには、冷静な判断ができません。憤りのまま自分の考えを押し通しても、いい結果は出ないのです。

気持ちが抑えられないときには、場所を変えて合掌しましょう。合掌をすると、興奮が冷め、静かに自分と向き合うことができるのです。

7月25日

人は、「思い」と「事実」の距離が離れていればいるほど悩むのです。

事実を直視することで、「思い」と「事実」の距離は縮まっていきます。

7月26日

幸せは、「仕合わせ」とも書きます。

仕える人に合うという「出会い」のことです。

そして、その出会いにより、自分を知ることができ、生きる道が開かれ、その時はじめて「仕合わせ」と言えるのです。

7月27日

親あれば親に悩み、子あれば子に悩み、夫（妻）あれば夫（妻）に悩む。親なければ悩み、子なければ悩み、夫（妻）なければ悩む。

「あるにつけ」「ないにつけ」悩むのが、凡夫の私たちです。

もう腹をくくりませんか。

7月28日

今日をどう生きたかで、明日が決まるのです。

最初から明るい未来があるのではありません。

「どういうことなんだ?」という問いを持つことが大切なのです。

問いを持つと、あたりまえに過ごしていたことが、あたりまえではなくなってくるのです。

7月29日

誰にも、他人に言えない苦しみが必ずあるのです。

楽しそうに見えても、楽しそうにしているだけかもしれません。

そんな悲しみも含めて、人と付き合っていきませんか。

7月30日

今の風向きは、自分の力では変えられません。

しかし、その風向きをしっかり観察することはできます。

「観る」

そうすることによって、ここからどう動けばいいのかわかるのではないでしょうか。

7月31日

私たちは、この世に生まれてきました。
これが「因」です。
そして、さまざまな「縁」をいただき、育てられていきます。
いいことも悪いことも……。
やがて、死という「果」を迎えることになります。
すべてはこうしていただくものなのです。

八月

8月1日

「亡き人を拝んでやる」のではありません。

亡き人は、お浄土から私たちを拝んでくれているのです。

8月2日

雲一つない真っ青な空、入道雲がとけたようなふんわりとした雲が広がる空……。

毎日違う空の表情は、とても新鮮です。

夜になれば、星がきらめいていたり月が顔を出したりと、飽きることがありません。

変わりゆく空を見ていると、「今の状態がずっと続くわけではない」と教えてくれている気がします。

8月3日

水はサラサラ流れるものですが、心の中に怨みを持っていると、その水は氷のように固まってしまいます。

「固まる」という字は、「古いことを箱に入れ込む」という字です。

怨みを半分だけでも水に流すと、その空洞に新しいものが入ってくるのです。

8月4日

真宗《しんしゅう》*の教えには、即効性がありません。

人間の心が便利に変わるすべを教えることでもありません。

「自分は、どう生きるのか?」と問わせていただける教えなのです。


*真宗……浄土真宗。阿弥陀仏による他力本願を説く仏教の宗派。開祖は親鸞聖人。

8月5日

私たちは、結果だけを重視しがちです。

しかし、「わかること」ばかりにとらわれていると、「考えること」を怠ります。

むしろ、「わからん！」と悩み続けてこそ、自分の生き方に向き合い、自分や他人の悲しみをも受け入れることができるようになるのです。

8月6日

私たちは「死」に対し、自分という存在が消えていくかのような感覚を持っていきます。

しかし、死んで無くなっていくのではありません。

私たちは浄土に往き、生まれるのです。

一人一人が仏となって、生まれさせていただくのです。

八月

8月7日

私たちは、自分がどう生きるかが定まらずに、上ばかりを目指しています。

「もっと認められたい」

「あの人には負けられない」

「健康でいつづけたい」

「若さを取り戻したい」

全く足が大地につかない、こんな生き方をしている私たちこそ、まさしく幽霊の姿なのです。

8月8日

木々も放っておくと変な枝ぶりになったり、癖がついたりします。

人間も同様に、どうしても屈折したものの考え方をしてしまいます。

それをそっと軌道修正してくれるのが、仏さまの慈悲なのです。

8月9日

人間が生まれると、「問い」が生まれます。

小さいころは、親にどんどん質問していたことでしょう。

「あの建物は何？　あの虫は何？」

しかし、大人になるにつれて、問いは減っていきます。

そして、すべてわかったことにしてしまい、「人生なんてこんなものだ」と自分で答えをつくってしまうようになるのです。

8月10日

自分に気づくことなく生き続けると、最後は壁にあたり苦しむことになります。

何か良いことがありそうだから「聞こう」というのは、聞法《もんぼう》*ではありません。

何度も教えを聞き、わが身に問うていく。

そんな自分の心の内を観ることで、人生は大きく変わるのです。


*聞法……仏法を聞くこと。

二十四節気

立《りっ》秋《しゅう》 ――8月8日ごろ――

秋とは名ばかりに高気圧が強い勢力を保ち、厳しい暑さが続きます。しかし、この日から「暑中見舞い」は「残暑見舞い」に変わり、季節の移り変わりを手紙でも確認するという、日本ならではの心があります。またこの頃は、全国高校野球が始まる時季でもあります。

高校野球といえば、亡き母を思い出します。お盆のお参りを忘れて、いつも大きな声援を送る母の姿は忘れられません。それは、勝っても負けても一つのボールを懸命に追いかける球児の姿に感動をいただけるからでしょう。

純粋に応援できるっていいですね。大人になればなるほど、何かの駆け引きや裏読みが入り、素直に応援できなくなります。そのままを生きた母の姿に、今も教えられるようです。

8月11日

お仏壇やお墓に仏飯《ぶっぱん》や食べ物などを供えるのは、決して亡くなったご先祖がお腹をすかせているからではありません。

本来お供え物とは、仏さまを通じて、あらゆるいのちの恵みに報恩感謝するということなのです。

だから、お供えし、お下がりをいただくのです。

8月12日

生の延長線上に病があり、老いがあり、死がある。

すべてはとどまることのない流れの中で進みます。

私たちの今があるのも、過去があり、ご先祖がいるからであり、そこには脈々と続いてきた大きな流れがあります。

私たちの怒りも苦労も幸せも、すべては大きな流れの中にあるのです。

八月

8月13日

お盆には、ご先祖が帰ってくると思っていませんか？
しかし、「霊魂」が、空を飛んでわが家へ帰ってくるのではありません。
亡き人が私の心に帰ってきてくれるのです。

8月14日

夏に生まれ、夏に死んでいく蟬《せみ》は、夏という季節を知りません。
夏を知っているのは、秋冬春という全体を知ってこそなのです。
すべての経験が人生の味を出すのです。

8月15日

右手と左手が合わさって、はじめて合掌ができます。

そこでいう右手は仏さま。

左手は自分です。

どちらの力が強くても、手を合わせることはできません。

「自力」と「他力」という、ほどよい関係が向かい合うからこそ、人は生かされているのです。

8月16日

「人に親切にしなさい。いつかはそれが自分に返ってくるんですから」

その言葉には、下心が見え見えです。

その親切とは「見返りを期待している親切」であり、人のためではなく「自分のための親切」にすぎないのです。

8月17日

阿弥陀さまのリングのような右手の姿は、「智恵」の姿です。

生活の知識ではなく、生きる中で気づかせていただく智恵をお教えくださるのです。

左手を上に向けておられるのは、「摂取《せっしゅ》」の姿です。

すなわち摂《おさ》め取って捨てない、必ずもらさずに救うという「慈悲」のしるしです。

8月18日

悪口を言われて苦しいのは、自分の中に不安があるからです。

そして、悪口を言う人の中にも、同じように不安があります。

どちらも煩悩具足《ぼんのうぐそく》*の、同じ不安を抱えた人間同士です。

「悪口を言うあの人も、私と同じように不安なんだな」

そう思えれば、何となく相手に親しみを覚えませんか？


*煩悩具足……煩悩を身に備えていること。

八月

8月19日

「私は、自分の力で生きている」

「この人生は自分で築いてきたものだ」

そう考えてはいませんか？

しかし、いのちあるものすべてに、「阿弥陀さまの願い」がかけられているのです。

私たちは、その願いの中に生かされているだけなのです。

8月20日

車を走らせている時、信号が赤になりました。

でも、イライラする必要はありません。

赤で止まると、次は一番にスタートが切れるということです。

心にストレスをかけているのは、環境だけではなく自分でもあったなということに気がつくのです。

8月21日

合掌とは、頭を下げることではなく、頭が下がることです。

「下げる」は欲望の心。

「下がる」はすべてを受け取る心です。

8月22日

「浄」という字は、「争い」を「水」に流すと書きます。

相手と争って勝利者になるのではなく、お互いに許し合い、認め合い、大地で共につながり合える関係を生きる世界が「浄土」です。

浄土を生きるということが、人間にとって安心して生きるということなのです。

8月23日

朝顔にはツルがあります。

支えに巻き付くことで、それを頼りに成長します。

その支えがなければ、とんでもない方向へ生育していきます。

人間も同じで、人生の先輩から「このように生きたらいいよ」という支えをいただき成長するのです。

8月24日

人間の心は、「喜・怒・哀・楽」によって、いつもコロコロ転がっていきます。

その結果、周りの人や自分自身を追いつめてしまうことが多いのです。

相手にも自分にも、もっといたわりの言葉をかけてみましょう。

そうすることで、コロコロ転がる心も、良い方向に向かってコロコロ転がっていくことでしょう。

処《しょ》暑《しょ》 ——8月23日ごろ——

処暑とは、暑さが和らぐという意味です。暑い日ざしが少し緩み、朝夕は涼風が吹き始め、秋の気配が感じられます。萩の花が咲き、穀物が実り始める頃でもあります。

しかし一方で、夏バテが一気にくるのもこの時季です。夏バテの理由は、暑さに耐えられなくなり、つい冷たい飲み物をたくさん体内に入れてしまうことにあるようです。

体温が高くなると胃腸への血流が少なくなり、汗を多くかくと体内の塩分が不足して胃酸も減ってしまいます。この状態で冷たいジュースやビールをがぶ飲みすると、胃を痛めたり下痢を起こしたりするそうです。胃腸の機能が低下することで自律神経が乱れるのだとか。そこから身体は悲鳴をあげるのです。

私たちは、「思い」だけでは生きられません。このいのちが、私たちを支えているのです。身体の声を聞きましょう。もっと自分の身体をいたわっていきましょう。

8月25日

「そんなことは知っている！」

本当にそうでしょうか？

人間の知ほどあてにならないことはありません。

「知」にやまいだれがついて「痴」

愚痴が出たら、知識を武器にしか生きられない愚か者だと知りましょう。

8月26日

気の合う仲間同士で生きるだけでは、学びや成長はありません。

違う者同士が近くにいるからこそ、私たちは成長し、生きる意欲をいただけるのです。

批判され、失敗し、壁にぶつかるのが人生なのです。

8月27日

その人を失った悲しみが大きいのは、その人から、いかに大切なことをいただいていたかということなのです。

8月28日

私たちが迷うのは、「これもしたい」「あれもしたい」という欲があるからです。
欲にまみれて走り回っていると、自分がどう生きるのかわからなくなってしまいます。
人生の迷路の中で右往左往しているだけなのです。

8月29日

朝、目が覚めるのもあたりまえではありません。
驚きなのです。
今日の出来事もあたりまえではありません。
驚きなのです。
あたりまえであると思っていたことが、実は驚きであることに気づかせていただく。
ここに人生の感動があるのです。

8月30日

「信仰」とは、自己を固めることではなく、むしろ自分のとらわれから離れることなのです。

8月31日

「人間の知恵」

人間は、知れば知るほど驕《おご》り高ぶり、驕慢《きょうまん》がさかんになって目が外向きになり、他と比べて頭が上がる一方です。

「仏さまの智恵」

仏法に出遇うと、自分のはからいや分別が役立たないことに気づかされ、自然に頭が下がっていくのです。

九月

9月1日

辛いことを経験するということ。
それは、優しさを知るための準備なのかもしれません。

9月2日

植物には、最初から実があるわけではありません。
まず種があって、芽が出て、大地に根を張って、枝葉が伸びて、時間をかけて、
そして実がなります。
ひたすら「待つ」のです。
そしてできた実には、色、形や味、同じものは何一つありません。
人間も同じです。
一人ひとりが違う「私」なのです。

九月

9月3日

不治の病におかされた。

最愛の人に突然死なれた。

失業し、貧困のどん底にある。

老いの寂しさの中にいる……。

こんな辛い時には、何かにすがりたくもなりますが、仏さまは望みをかなえるために出現するのではないのです。

この「苦しみ」を通して、「虚しいまま意味のない人生」だけで終わることのない道へと、仏さまは導いてくださるのです。

「決して、あなたを見捨てない」と。

9月4日

明日こそと思う心に今はなし！

「過去」を悔やみ、「明日」を夢見て、「今」を見失ってはいませんか？

9月5日

過去があったから、今のあなたがいます。

その過去の歴史を引き受けて、今をどう生きるのか？

そこからあなたの未来が決まってくるのです。

9月6日

煩悩があまりにも多いと、ものの見方がひっくり返って、本当のことが見えなくなってしまいます。

「あなたの生き方、ものの見方を原点からひっくり返していただき、考えていきませんか」

そう呼びかけるのが、仏教の教えなのです。

9月7日

「恨み」という字は、「心を根付かせ固める」という意味です。

土の下に押し込めて、そこからはい上がれないということなのです。

「恨みを持つ」とは、苦しみを身につけることです。

「恨みを捨てる」とは、苦しみを捨て去ることです。

9月8日

仏法に出遇うというのは、実は怖いことです。

なぜなら自分の嫌なところも気づかされるからです。

聞けば聞くほど、自分が否定されていくのです。

しかし、そこに光が当てられたとき、私たちは真の解放された生き方を見つけることができるのです。

自分の醜さが光ったら本物です。

9月9日

私たちは、いつも「自分が一番」の考え方から抜け出せません。「私が一番苦労している」「私が一番我慢している」「私が一番この家を支えている」……。

しかし、私一人でつくり上げたものは何一つありません。

お互いに譲り合い、助け合い、分け合ってこそ生きていけるのです。

9月10日

亡くなった人に、「安らかにお眠りください」と語りかける弔辞を耳にします。

しかし、亡き人は「覚者」といい、仏さまとなられたのです。

仏さまは、「おまえが目を覚まさないか」と言われていることでしょう。

二十四節気

白露《はくろ》　――9月8日ごろ――

大気が冷え、野の草に露《つゆ》が宿って白く見える頃です。確実に季節の移り変わりを感じる時季です。

ある日、夫に尋ねました。「もし私が先に死んだら、喪主としてどんな挨拶をしてくれますか？」

すると、「『川村妙慶は、予定通り死にました』と言う」の一言です。何とも味気ない言葉ですね。しかしこれは、本当のことでもあります。

蓮如上人《れんにょしょうにん》*は、露を引用しながら人生を表現されました。「人間の一生は、およそはかないもので、幻のようなものです。未《いま》だに一万歳生きた人というのを聞いたことがありません。一生というのは過ぎやすいのです。私が先か他の人が先かは別として、人間は必ず死んでしまうものであり、その数は木の葉の雫《しずく》や露よりも多いのです」

「何だかあっけない人生だな！」と思われそうですが、そうではありません。あっけないからこそ、この瞬間を大切にできるのです。

＊蓮如上人……室町中期の僧。浄土真宗中興の祖。（一四一五～一四九九）

9月11日

お金をよりどころにした心は、お金によって苦しみます。

名誉をよりどころにした心は、その地位がいつ奪われないかと落ち着きません。

知識だけをよりどころにした心は、現実に立ち向かえません。

本当のよりどころを持たなければ、社会の価値観に流されるだけなのです。

9月12日

私たちは、人と接する時、「そんなこと、知ってるわ」という目で見るところがあります。

何でも自分ひとりで解決できると思っていないでしょうか？

お寺でお参りするのは、独りよがりの思い込みをまず取って、素直に聞く心をいただくということなのです。

9月13日

「我《が》」という字の右は、「戈《ほこ》」という字です。

相手と戦って勝とうという意味です。

しかし、我を強くして相手に向かっていくのではなく、まず目の前の人と出会っていきませんか。

その姿が相手の我を柔らかくしてくれるのではないでしょうか。

過去と他人は変えられません。

まず自分から変わっていくということです。

9月14日

「運をつくる」のではなく、「縁をいただく」ことが大切です。

今いただいている縁を「生かす」ことです。

縁は、良いことも悪いことも両方あります。

それを受け入れ、生かせた時、良い意味での運（チャンス）が到来するのでしょう。

9月15日

年上の人というのは、やがて自分もその年を迎えるという事実を教えてくださる鏡でもあるのです。

老いの身となる準備はできていますか？

ここをしっかり自覚できてこそ、今の人生が大きくも重くもなるのです。

9月16日

「聞く」とは、「門」に「耳」と書きます。

「門」というのは扉です。

門は自分の都合で開け閉めができます。

自分の興味がある時は扉を開け、興味がない時は話を変えたり、扉を閉めたりしていませんか？

心の門は内鍵しかありません。

自分から心の門を開けましょう。

九月

9月17日

熱いものに触れてこそ、「熱い」という言葉を実感することができます。

愛する人と別れてこそ、悲しいと感じることができます。

仏教の言葉も、わが身を通して学ばなければ、ただの知識で終わってしまうのです。

9月18日

地獄は知らない世界にあるのではなく、生きているこの場所にあるのです。

ねたむことしかできない。

お互いの批判しか言えない。

そうではなく、それぞれの存在を認め、お互い笑顔で接することのできる仲でいたいものです。

9月19日

私たちは知識が増えるにしたがって、いつの間にか「与えられたいのち」を「私のいのち」と思い込み、「いのち」を自分の所有物にしてしまいます。しかし、今生きている「私のいのち」は、太陽の光と熱、水、空気、大地など、無数のはたらきによって支えられているのです。

9月20日

「何とかいい人間になろう！」と思っても、なれるものではありません。なかなかなれない自分に頭が下がったところに、人間同士の出会いがあるのではないでしょうか。

9月21日

仏の世界はさとりの世界です。

それが「彼岸」の世界です。

この迷い、苦しみの「此岸《しがん》」にいて、執着し、流され、沈没《ちんもつ》しているのが「私たちの現実の姿」ではないでしょうか。

その中でただうごめいていることに気がつけないのです。

9月22日

仏さまになられたご先祖は、供養しないからといって罰など与えません。

むしろ、生きている私たちに、「どうか人間の生き方に目覚めてほしい」と願い続けています。

それを忘れて、先祖の冥福を祈ったり、加護を願ったりしているのは寂しいことです。

9月23日

弱い自分を見ようとせず、うそをついてごまかしていませんか？

クジャクは前（表）から見ると羽を広げて立派ですが、後ろ（裏）から見ると、お尻丸出しのこっけいな姿です。

人間にも表と裏があり、表の部分だけ見せようとすると格好をつけて生きていかなければならなくなるのです。

9月24日

奇跡とは奇遇であり、偶然にすばらしいご縁をいただいただけのことです。

しかし、私たちは、「功徳《くどく》を積んだから、自分に奇跡が起こった」と勘違いしてしまいます。

これは、あくまでも自分を特別視した「おめでたい」考えなのです。

二十四節気

秋《しゅう》分《ぶん》 ——9月23日ごろ——

彼岸花が咲きほこる時季です。彼岸花の別名は「曼珠沙華《まんじゅしゃげ》」。これは、梵語《ぼんご》の「マンジュシャカ」をそのまま漢字にしたもので、直訳すれば「赤い花」という意味だそうです。

私は、彼岸花を見るたびに「煩悩の花が咲いた」と感じます。赤々と燃え盛る煩悩は、決して絶えることはありません。また煩悩があるからこそ、私たちは人生を楽しむことができます。しかし、煩悩で自分を見失うこともあります。「そのことを自覚し、生きなさい」と阿弥陀さまがおっしゃっているようです。

「食欲の秋」と代名詞のように語られ、欲望をそそられる季節ですが、心に持ち続ける煩悩の花を自覚しながら、煩悩に流されない私を生きたいものですね。

秋分を過ぎると、次第に昼の時間が短くなり、「秋の夜長」が始まります。そこで読書の秋で人生を深めてください。もちろん、この本を一生のお供に！

9月25日

私たちは、どこまでも煩悩具足の凡夫です。
煩悩は決してなくなりません。
縁ひとつによりすぐに出てきます。
聴聞《ちょうもん》をすると煩悩がなくなるのではなく、煩悩いっぱいの自分が知らされるのです。
そして、この煩悩いっぱいの私たちこそが、阿弥陀さまの救いの目当てなのです。

9月26日

私たちは、思いが届かなかったり、失敗を繰り返したりすると、落ち込み、絶望的になります。

しかし、その絶望は希望の終わりなのではなく、むしろ希望の第一歩なのです。

9月27日

心は、中身が詰まっているのではなく、外側の「あるもの」を受け入れる茶わんのような「器」です。

年をとるのが怖いのならば、「若くありたい」という心の茶わんを逆さまにして、中身を捨ててみましょう。

すると、そのままの自分を受け入れ、ニコニコ顔で生きることができるのです。

9月28日

仏教でいう「信心」は、平静な心を意味します。

平静とは、「無理をしない状態、あるがままの状態」なのです。

9月29日

私たちは、なぜ死ぬことが怖いのでしょうか？

生まれてきたものは、必ずいのちを終えていきます。

いまさら驚くことではありません。

死ぬことばかりを恐れると、今を生きていないことになってしまうのです。

9月30日

悩みや苦しみが尽きないのが人生です。

その矛盾に満ちた私たちの生活の中でこそ、仏教の深い願いに触れることができるのです。

自分自身の煩悩を見つめる目が深ければ深いほど、他者の悩みや苦しみに共感する心が動き出します。

悩みがあるから、「何とかしたい」という原動力が生まれるのです。

十月

10月1日

壁にぶつかった時には、自分の生き方、やり方をもう一度確認しましょう。

壁というのは、あなたに一度歯止めをかけてくれるブレーキなのです。

アクセルとブレーキ。

これがあるから車に安心して乗ることができます。

あなたの車をしっかり点検して、人生を進んでいきましょう。

10月2日

真宗の教えは、「自己」を知ることを大切にします。

これが最も面倒な、考えたくもないことなのです。

しかし、自己を知らずに、何も気がつかないまま終わると、それこそ虚しい人生になってしまうのです。

十月

10月3日

お経というのは、着物にたとえればたて糸で、私たちの体験や知識や肩書がよこ糸にあたります。

しかし、いくらよこ糸を密にしても、たて糸がしっかり張られていないと良い織物には仕上がりません。

生活の中にお経をいただき、人生にたて糸をしっかり張ると、「張りのある人生」を見つけることができるのです。

10月4日

表情が明るいのが、明るい人間とは限りません。

環境に恵まれているから、明るい人生を送れるとは限りません。

心の底から自分というものが明らかになって、はじめて真の明るい人となれるのです。

10月5日

人は死ぬと、「お骨」と「思い出」だけしか残らないと言う人がいます。いいえ、私たちは、亡きあの人と共に生きているのです。

大切な人を亡くすのは辛く悲しいことですが、それ以上に悲しいのは、亡くなった人を「過去のもの」にしてしまうことではないでしょうか。

10月6日

私たちには煩悩があります。

その煩悩は、塵《ちり》のように無数にあり、放っておいたら私がぼろぼろになってしまいます。

自分自身ではそのことに気づきませんが、仏さまの教えを聞くと、心を照らす光によって煩悩の塵に気づかされるのです。

十月

10月7日

自分で決めると、後悔が出てきます。
他人が決めると、不満が出てきます。
自然と決まれば、文句の言いようがありません。
目には見えない阿弥陀さまのはたらきによって、「自然と」決まってくるのです。

10月8日

昨日の空と今日の空、ひとつも同じ空はありません。
毎日違う一日をいただけるというのは、毎日新たな希望をいただいているということ。
昨日とは全く違う想像もつかない新たなドラマが、今日も始まるのです。

10月9日

生きる中で、いろいろな不安が襲ってきます。

さまざまな邪魔物が出てくるでしょう。

そのときに、お守りに頼ったりお金に執着したりするのではなく、ただ一つの道を歩きましょう。

「信心」というお念仏をいただきましょう。

10月10日

お寺の本堂の仏具には、毎日のお香の香りが染み込んでいます。

昨日、今日で香るものではありません。

時間をかけ長い人生を歩くから香るのです。

仏法を聞いていると、智恵と慈悲の香りに染まっていくのです。

二十四節気

寒露《かんろ》　――10月8日ごろ――

寒露とは、草花に冷たい露が宿るという意味で、日中と朝夜の温度差がある時季です。

またこの頃は菊の花が咲き出しますね。私は、菊の花を見ると亡き母を思い出します。

余命三カ月の宣告を受けたとき、母は「私が死んだら、白い菊を一輪手向《たむ》けてほしい」と言いました。「あとどのくらい母は生きていてくれるのだろうか」。そう思いながら、翌日買ってきた白菊の花びらを数えました。その花びらは、内側に丸くなり、まるで母が私を温かく包み込んでくれているようにも見えました。

母はその三カ月後、お浄土へと還りました。もう母の温もりにふれることはできませんが、母を思う気持ちが私の心を温かくしてくれます。

草花に宿る丸くなった露を見ながら、「心の中の瑞々《みずみず》しさ」を保ち続けたいものです。

10月11日

今、自分がこうして生きているのは、食べた物を胃が一生懸命に消化してくれているからです。

自分のいのちが明日もあるとは限らないのですが、それなのに消化しているのです。

心臓は身体中に血液を送っています。

休むことなく働いています。

文句も言わずに、この身を引き受けているのです。

10月12日

自分を信じるとは、今置かれた状況、環境なども受け入れられるということです。

ありのままの自分を、まず認めていくこと。

自分を信じることができて、はじめて周りが見えてくるのです。

十月

10月13日

人を救うだけが仏教ではありません。

言葉をたくさん知るから仏教でもありません。

凡夫の身であったことに気づかせていただくのが、阿弥陀さまの願いなのです。

10月14日

人生の旅を、いつも特急電車で突っ走っていると、今どこを走っているのかわからなくなることがあります。

そんな時には、各駅停車に乗り換えてみましょう。

スピードを緩めてみると、今まで知らなかった多くの出会いがあるのです。

10月15日

「縁」というと「良い縁」だけを想像しますが、遭いたくもない「縁」もあります。

しかし、「縁」はすべて尊いものです。

良い縁も悪い縁も、それぞれあなたにとっては大切な縁なのです。

10月16日

秋の空がよく変わるように、どれだけ心持ちを強くしても、熱くなったり冷めたりと、人間の心は変わります。

コロコロ変わる心を止めることはできません。

「私の心は当てにならない」

そのことを自覚しながら生きていく。

阿弥陀さまにさらけ出して生きていくしかないのです。

10月17日

仏教でいう「真面目さ」とは、ただ一筋にということではありません。

むしろ、「これでいいのだろうか？」と、もう一つの自分に問いかけることが大切です。

「私は何も道から外れていない」と言い切ることよりも、むしろ脱線した時にこそ自分の生き方が問われていくのです。

10月18日

人生の荒波の中でおぼれそうになると、近くにある何にでもしがみつきたくなります。

しかし、つかもうとすればするほどつかめなくなります。

「欲しい、欲しい」と思えば思うほど、遠くへ逃げていきます。

大切なのは「力を抜き、おまかせする」ということです。

そして仏さまの言葉にそっと耳を傾けましょう。

10月19日

自分の知識や力に頼り、自分一人の力で生きていると思いあがっている間は、頭が上がるばかりです。

まずは自分の愚かさに気づかせていただくことが大切なのです。

いつも知識を武器に、他人の指摘ばかりしていると、「善人」で終わってしまうのです。

10月20日

一人で抱え込まなくていい。

誰かと分け合えばいい。

私たちの苦労も、「しんどいよ」と叫べばいい。

「しんどい」と言えないことが「しんどい」のです。

私たちの人生の苦しみは、阿弥陀さまと分けっこしたらいいのです。

10月21日

結び目のない糸で布を縫うと、最後には糸が抜け落ちて布がバラバラになります。それと同じで、信心を持たずによりどころのないまま生きると、いざという時あなた自身がするするとほどけてしまいます。そうして自分を見失うと、世間のマニュアルに頼りたくなりますが、そこにはあなたが求める幸せのことは書かれていないのです。

10月22日

合掌するとは、「手を役に立たない状態にする」ということです。合掌したままでは、仕事も何もできません。手を合わせ、すべてを一度捨てて、今の自分と向き合うということなのです。

10月23日

雨が降ったら、「雨か」と嘆くのではなく、雨音の情緒を楽しみましょう。

雨で大地がうるおう恵みを感じましょう。

何でも大らかな気持ちで受け止める潔さを持つと、人生はもっともっと豊かになります。

10月24日

一年に一度、誕生日がやって来ます。

しかし、私が年をとったのではありません。

私のいのちが一年の歩みをしてくれたのです。

阿弥陀さまの法に照らされると、今ある「私」は、すべていただいたいのちだったんだなと気づかされます。

霜《そう》降《こう》　——10月23日ごろ——

少しずつ寒くなると、草葉の露が霜となり、カエデやツタが紅葉し始めます。葉が赤や黄色に色づくのは、日中と朝夜の寒暖差に大きな秘密があります。それによって、紅葉の糖分の蓄積、色素の形成、葉緑素の分解などが進むと葉の緑色が抜け、赤色や黄色味を帯びるそうです。

私たちの人生も色づきたいものですね。では、どうしたらいいのでしょうか？それは「苦労や失敗を経験する」ということです。

ほとんどの人は、苦労がない生き方を望むでしょう。しかしうれしいことばかりだと、人間はすぐ慣れて、すべてに鈍感になってしまいます。ほどよい苦労が、人間に深みを与えてくれるのです。

「あの人、魅力的だな！」と思える人は、どん底を経験したからそれが喜びとなり、人間味が出ているのですよ。あなたの色づきが楽しみですね。

二十四節気

10月25日

「人の為」と書いて「偽り」と読むように、人のために生きるのは、本当に自分が生きることにはなりません。

「人のために生きる」と言う人は、自分の人生に希望がないから、何か他のものにしがみついて支えにしているだけなのでしょう。

だから支えがなくなったとき、途方に暮れて生きる意味を見失ってしまうのです。

10月26日

「こんなに辛い人生なら、もう一回生まれ変わってやり直したい」

でも、生まれ変わることはできないし、過去を変えることもできません。

辛くても、その現実こそがかけがえのないあなた自身のいのちを尽くしていく場所だと、仏さまは励まし呼びかけてくださっているのです。

十月

10月27日

人間の器が小さいと、「自分の考え」という料理だけで、いっぱいになってしまいます。

一方、器が大きいと、自分の考えをある時には横に寄せて、他人の考えも同じ器に入れることができます。

すると、器に色とりどりのごちそうが盛られるのです。

10月28日

夜道に迷ったときに「あかり」があれば、それが「道しるべ」となって歩くことができます。

私たちが人生を歩む中で迷ったときに、仏さまは「み教え」というあかりを灯して、進むべき方向を知らせてくださるのです。

10月29日

華やかな花だけに目を向けるのではなく、足元で踏まれている草にも目を向けていきませんか。

すべてを見ていく目を持つと、本当の幸福感を味わえるようになるのです。

10月30日

私たちの人生には、「幸・不幸」「善・悪」「陰・陽」「勝ち・負け」「白・黒」と、必ず対極があります。

どちらか一方ということはありません。

どんなに幸せそうに見える人でも、いいところだけが私たちの目に映っているだけで、悩みを抱えています。

「私には、なぜ悪いことばかり続くの?」

それは、悪いところばかりしか見ていないからです。

十月

10月31日

自分の生き方がわからないから、亡き人のこともわからないのです。
亡き人は仏さまとなられました。
あの世でさまよってなんかいないのです。
私たちの「生きて死んでいく道」が自覚できたら、亡き人にも遇わせていただける。
それが、往生浄土で「遇う」ということなのです。

十一月

11月1日

「また愚痴が始まった」と思えば、こちらのストレスもたまります。

「この人は、悲しみを伝えようとしている」と思えば、相手の言葉を受け止めることができます。

それが阿弥陀さまの願いでもあるのです。

11月2日

年を「取る」というのは、まるで年齢が持っていかれるような表現です。

年は引かれているのではありません。

引き算になるから暗くなるのです。

年は「重ねている」のです。

一年一年、木の年輪と同じように、私たちは輪を広げているのです。

十一月

11月3日

生きる中に何事もなければ、それは味気ない日々となります。
そこに甘味、辛味、酸味があるから料理もおいしくなるのです。
周りの人は、あなたを育ててくれる「調味料」です。
いろんな味が調合されて「深みのある人生」を経験できるのです。

11月4日

阿弥陀さまは教えが姿で表現されたものであり、大きな胸を開き、手を差し伸べて私たちをあたたかく包み込んでくれる「救いの存在」です。

一方、お釈迦さまは実在した人間であり、道に迷う私たちの背中を押してくれる「教えの存在」なのです。

11月5日

仏さまの目は「半眼《はんがん》」と言います。
眼を見開くことがなく、半分は閉じた状態です。
外を見ると同時に、心の内を見る。
そんな眼を、仏さまは持っておられるのです。

11月6日

「四苦八苦《しくはっく》*」は、私たちが生きている限り出遭わなければならない事実です。
その事実とどう向き合って、その中から自分がどう生きていくのかを、時間をかけながら見つけていくと、本当に大切なものが知らされるのです。

*四苦八苦……生老病死《しょうろうびょうし》の四苦に、愛別離苦《あいべつりく》・怨憎会苦《おんぞうえく》・求不得苦《ぐふとくく》・五蘊盛苦《ごうんじょうく》を加えたもの。人生苦の総称。

立《りっ》冬《とう》 ——11月7日ごろ——

まさしく字の通り、冬の始まりの日です。

冬に入ると聞いただけで、気持ちも暗くなりがちですね。それは、どこかに不安があるのかもしれません。

あなたは今、どこに立っていますか？　立ち位置がぐらつくと、何をしても不安になります。しかし、「私はここで生きていく」と宣言できたとき、どんな状況も受け入れ、それを慶びとして生きていけるのです。

この時季は、葉が落ちていき、そして木々は、冬の寒さに耐えていきます。必ず春が来るということを信じて。

今まで頑張ってきた分、少し身体を休め、自分の立ち位置を確認してみませんか。

二十四節気

11月7日

「人生は闇の中」だと言います。

しかし、自分で闇をつくっているところはないでしょうか？

「闇」という字は、「門」に「音」と書きます。

「門」は、自分の都合で開閉できます。

心の門を閉めた状態が「闇」なのです。

心の門を開き、耳を傾けていきましょう。

11月8日

木をじっと眺めていると、一枚の葉がひらひらと散っていきます。

表と裏を見せながら、散っていきます。

「表と裏があって一人の人間なのですよ」

そう語りかけてくれるようです。

十一月

11月9日

お寺の法要が始まる前には、鐘を鳴らします。
この鐘は、喚《よ》び声を聞かせていただくという意味があります。
誰が喚んでおられるのでしょうか？
それは、仏さまの声です。
だから、喚鐘《かんしょう》と言うのです。

11月10日

失敗したから終わりなのでしょうか？
そうではありません。
時間と共に、失敗の意味も変化していきます。
渋柿も、時間をかけて寝かせるから甘くなるのです。

11月11日

本当の自分とは何者なのかを問うときに、どこに立つのかが問題です。自分の視点に立てば、本当はもっとやれるんだ、認めてくれない周りが悪いんだということになります。

仏法の視点に立てば、自分という存在は他者との関係があって初めて成り立っていることに気づかされるのです。

11月12日

疲れたときは、無理をせず休むことが大切です。

人間は平等に年を重ねていきます。

若いころにはできたことも、年齢とともに無理がきかなくなっていきます。

年を重ねるたびに、「無理をするな」と教えてくれる身体の声、いのちの声に耳を傾けましょう。

十一月

11月13日

「老・病・死」を不幸と思っていると、どんな人生も不幸のままで終わってしまうことになります。

お念仏に出遇うと、老いによってしぼまず、病によって傷つかず、死によって滅びない人生に転じられていくのです。

11月14日

辛いことも、悪いことも、すべての出来事が自分を本当の幸せへと教え導いてくださる、仏さまからのプレゼントなのです。

すべて何かのお導きなのです。

本当に幸せになるためにも、それを「受け入れる器」を持ちましょう。

11月15日

怒りには、怒りしか返ってきません。
強いボールを壁に投げつければ、強いボールが返ってきます。
ゆっくり軽いボールを投げれば、軽く返ってくるのです。
人に怒りをぶつけるのではなく、悲しみを伝えていきませんか。
悲しみを伝えられた人は、「迷惑をかけたんだな」と感じることでしょう。

11月16日

空をボーっと眺めていると、自分が空を見ているのではなくて、空が自分を見てくれているような気持ちになってきます。

そんな時、「我にまかせよ、必ず救う」という阿弥陀さまの声に包まれているわが身を感じるのです。

十一月

11月17日

過去に縛られ、後悔し、苦しみ悩むのが私たちです。

しかし、過去はやり直しがききません。

だから過去から逃げるのではなく、自分の過去としっかり向き合い、反省すべきことは反省していく。

そして、どうにもならないことは、「阿弥陀さまにおまかせする」しかないのです。

11月18日

阿弥陀さまとは、永遠の「いのち」と無限のはたらきをもった仏さまです。

その「はたらき」は色もなく形もないので、小さな殻に閉じこもっている私たちには見えません。

そこで、それを私たちにもわかるように姿を現してくださったのが、仏像なのです。

11月19日

諸行無常。

この世の中のことは、すべて移り変わっています。

すべての現象が移りゆくからこそ、秋に葉を落としても、春には木の芽が芽吹いてくれます。

赤ちゃんは育ち、人間は成長できます。

諸行無常だからこそ、私たちはこうして生かされ、生きていけるのです。

11月20日

「辛い」に「一」という涙の一滴を入れると、「幸」という字になります。

辛さを経験するからこそ、楽しくもうれしい幸せな人生が待っているのです。

11月21日

何事も悲観的に考える人は、自分自身にこう問うてみましょう。

「自分が世界の中心にいると、思い上がっていないだろうか？」

あなたは、世界の中心ではないのです。

主人公でもないのです。

自我が中心にあるから、心が揺れたり、イライラしたりするのです。

11月22日

毎日、「モー」「モー」と牛のように文句を言っていませんか？

「牢」という字は、「宀（家の中）」に「牛」と書きます。

「モー」という文句は、「自分は正しい！」と、自分が上になっているから出てきます。

牢獄という言葉があるように、自分で地獄をつくっているのです。

11月23日

すべてがおもしろくないから、がんばれないのでしょうか？
毎日を真剣に生きてみましょう。
すると、人生におもしろみが生まれてくるのです。

11月24日

自分の死に際を気にすると、死ぬまで心の安まる時がありません。
大切なのは臨終の様子が問題ではなく、現世において信心を得ることが重要なのです。
自分の生きざまがはっきりしたら、何もこわいものはないのです。

二十四節気

小《しょう》雪《せつ》 ——11月22日ごろ——

北国から雪の便りが届く頃で、雪といってもさほど多くないことから、小雪と言われたものだそうです。そろそろ冬支度をする時季ですね。

親鸞聖人は、十一月二十八日にお浄土へ還られました。この命日の二カ月前後の間に、全国の浄土真宗のお寺では、報恩講が営まれます。

「なぜそこまで親鸞に魅かれるのか？」と聞かれることがありますが、それは「ありのままに生きると楽になるよ」ということを実証された方だからです。

親鸞聖人は、仏さまの仏地（大地）にしっかり足をつけ、「摂取不捨《せっしゅふしゃ》」のお心の中で生きていかれました。「選ばず、嫌わず、見捨てない」という阿弥陀さまのお心をそのままいただいたのです。

そして、すべては阿弥陀さまにおまかせすればいいという他力の教えを説かれ、九十歳でお亡くなりになるまで、私たちのために多くの言葉を残してくださったのです。そのご恩を忘れるわけにはいきません。

どうか親鸞聖人のお心に触れてみてください。近くのお寺にご縁をいただけますように。

11月25日

「幸せ」を売り物にしたり押しつけ行為をしたりするのは、本当の仏教ではありません。

お釈迦さまは、「幸せをかなえます」とは説いておられません。

自我のとらわれから解放されることをお説きになったのです。

11月26日

通夜は人生の卒業式。

そして、葬式は浄土の入学式です。

11月27日

煩悩を抱えた私たちです。

自分の思いどおりにならなければ腹を立てる。

思いどおりになれば「あたりまえ」と思う。

努力さえしたら何とかなると過信してしまう。

それが、私たち人間なのです。

11月28日

「命日」は、「命の日」と書きます。

そこには、亡き人が残してくださった「大切な贈りもの」という意味が込められているのです。

「あなたは、なぜここに生きているのか?」

亡き人から、大きな問いを投げかけられているのです。

11月29日

秋になると、落ち葉の掃除が日課になります。

「また今日も落ち葉の掃除か……」

ぶつぶつ言いながら掃除をする自分がいます。

掃いても掃いても、次から次へと落ちてくる葉っぱ。

なくそうとしても、次から次へと湧いてくる煩悩。

落ち葉は、私たち人間に、煩悩の自覚を促しているようです。

11月30日

カメラのレンズはそのままを写します。

レンズが汚れていたら、汚れたままを写します。

自分の心のレンズに、「自分中心」という汚れがついていていないか確認してみましょう。

十二月

12月1日

映画は、エンドロールが終わるまで見ましょう。

なぜなら、目に見えないところでさまざまな人が関わっていて、多くの縁で一つのものができていることを学べるからです。

12月2日

物質的に恵まれた、恵まれなかった。
人間関係が良かった、悪かった。
そんな視点で計るのが、本当の幸せではありません。
今の状況をしっかり引き受け、そのものを慶ぶことができる。
これが本当の「し・あ・わ・せ」なのです。

十二月

12月3日

私たちは、なぜ悩むのでしょうか？

それは変えられないことを、変えようとしているからです。

12月4日

「人間関係に疲れた」

「人と会うのも嫌」

それは、他人を敵としているのではなく、自分を自分で嫌な者にして、自分と戦おうとしているだけではないでしょうか。

自分を受け入れると、敵だと思った他人も受け入れられるようになるのです。

12月5日

葬儀では、仏教とは無縁のいろいろな迷信が行われています。亡くなった途端に、今まで親しんできた人を「穢《けが》れたもの」として「お清め」するのは、大変失礼なことです。

仏教では、死を「穢れ」とは受け止めません。反対に、「死もまた我等なり」として、生き死にするいのちを精いっぱい生きていくことを示しています。

12月6日

自分がグラスを割ると、「あっ、グラスが割れた！」

他人がグラスを割ると、「グラスを割りやがって！」

自分は許せても、他人は許せないのが自分中心の生き方なのでしょう。

二十四節気

大《たい》雪《せつ》 ——12月7日ごろ——

大地の霜柱を踏むのもこの頃ですね。山々は雪の衣をまとって冬の姿となります。

私にとって忘れられない、大雪の日の光景があります。その当時、かつては二百軒もあった西蓮寺《さいれんじ》（私の実家寺。北九州市門司区）のご門徒がすべて去って一軒もなくなってしまったのです。「この先、お寺はどうなるのか？」という不安の中、生きていました。

そんなある日、九州にも雪が降り積もったのです。朝、境内に出ると、雪の中に一筋の足跡がありました。足跡は、西蓮寺の門から本堂につながっています。

「誰かが、欠かさずお参りしているんだ！」

雪が降らなければ気がつけなかったことです。それは、雪の上に残された一筋の「仏さまの足跡」だったのです。私の口からは、「南無阿弥陀仏」のお念仏しか出ませんでした。

たとえ一人でもいい。こうして西蓮寺に通っている方がおられる。この足跡が、私に寺復興の希望を与えてくれたのでした。

12月7日

何でも目を見開いてしまうから、「どれもやりたい」と思うのです。この目で見えているから、何でもできると勘違いしてしまうのです。目を閉じ、心を落ち着かせ、今、自分がしなければならないことは何なのかを考えましょう。

12月8日

水はバケツに入れれば丸く、お風呂に注げば四角になります。水には柔軟性があります。その水が雨垂《あまだ》れとなって落ちると、やがて、硬い石に穴をあけるほどの強さを持つのです。

私たちはけんかをするとき、相手に負けぬと向かっていきます。その時の心は、石のように硬くなっているのです。

十二月

12月9日

比較して優劣を決めようとするから、苦しくなるのです。

仏さまは、「比べなくてもいい。あなたはあなたのいのちを精いっぱいに生きなさい」とおっしゃっています。

「あなたは、あなたに成ればいい」

「あなたは、あなたで在ればいい」

仏さまは、私たちの存在そのものを慶んでくださるのです。

12月10日

完全な幸せ、完全な不幸というものは、世の中にありません。

幸せな一瞬一瞬に気づくことができるかどうか、感じることができるかどうか。

これが大切なのです。

12月11日

私たちは、機嫌のいい時には相手を褒めます。

しかし、気に入らなければ相手をとことん攻撃してしまいます。

そんな気分に流される私たちに、仏さまは「自分自身を見ていけよ」とはたらき続けてくださっています。

12月12日

将来のためだけに何かを期待して生きることは、今を忘れ、今を虚しくすることになります。

将来のために生きるのではなく、今を精いっぱい生きることのできる力を与えていただきましょう。

十二月

12月13日

人間には苦悩が尽きません。

人は、自分中心の見方しかできないから、争い、迷い、苦しむのです。

しかし、その苦悩を解決するために仏教があるのではありません。

「無明の凡夫」というわが身を知らせてもらうためにあるのです。

12月14日

「世の中、こんなものだ」と決めつけてしまうのではなく、「なぜこうなったのだろう？」「どうしたらいいのかな？」と問い続けていく。

これが真宗の教えなのです。

答えは出さなくていいのです。

12月15日

「真」という字の真ん中は、「目」と書きます。惑わされない「心の目」をいただきましょう。

これからの人生、辛いこと、苦しいこと、さまざまな荒波が押し寄せてきます。しかし、どんなことがあっても、恐れず惑わされない道を、仏さまが「智恵」という光で導いてくださるのです。

12月16日

疑うことに力を注いでしまうより、まず相手を信じることです。

会話の奥にひそんでいる「お互いの願い」を見ていくことです。

「あの人は信じられない」と言う前に、まず疑い深い自分をこそ疑ってみましょう。

十二月

12月17日

私たちは自己中心の迷いに明け暮れ、そのことにさえも気づかずに過ごしています。
煩悩に濁った目で自分を見つめても、本当のことは見えません。
聞法《もんぼう》を重ねることによって、自分の本当の姿を見る目が開けるのです。
聞法は「死の準備」ではなく、「生の糧《かて》」なのです。

12月18日

出会えた喜びの縁もありますが、いつかは別れなければならない縁もあります。
すべてが縁なのです。
この世に絶対はありません。
この縁を自力によって覆すこともできないのです。

12月19日

私たちは、「愛」や「財」を追い求め、喜び、また苦しんだりを繰り返しています。

お釈迦さまは、私たちが必死になって追い求めているものが、実は苦しみの原因であることを教えてくださいました。

喜びは、必ず苦しみにも結びつくということなのです。

12月20日

「おまかせする」というのは、自分自身を信頼するということです。

ありのままの等身大の自分を認めていくということなのです。

阿弥陀さまにおまかせするというのは、依存の心ではありません。

むしろ固まってしまった自分の心から解放されることなのです。

十二月

12月21日

人生も季節と同じで、燃えるような暑い夏もあれば、辛くて厳しい冬もあります。
辛さを感じてこそ、すばらしい感動が待っているのです。

12月22日

ブドウやヘチマには、枝と果肉の間にヘタがあります。
これは、ブドウやヘチマを守る「遊び」の部分です。
「遊び」があるから、強い風にもしなやかに揺れていられるのです。
人生にも、強風が吹き荒れる日があります。
そのためにも、心の遊びが必要なのです。

12月23日

人間の「知恵」は、「わかっている。知っている」という自分の範囲で物事を判断することです。

知恵を一番に先行させるので、取り返しのつかないあやまちをおかすこともあります。

仏さまの「智恵」は、そんな私たちに、それを乗り越える勇気を教えてくれることなのです。

12月24日

私たちは、自分のことを知ってくれる人がほしいのです。

たった一人でも、自分のことを見ていてくれる人がほしいのです。

阿弥陀さまは、選ばず、嫌わず、見捨てず、必ず私たちを見てくれています。

二十四節気

冬至《とうじ》 ——12月22日ごろ——

「冬に至る」と書くだけあって、冬の本格的な寒さがやってくるのもこの頃からです。

冬至を迎えるにあたり、先人の知恵が言い伝えられています。それは、食べ物から身体を温めるということです。ゆず湯に入ったり、冬至かぼちゃを食べたりするといいと伝えられてきましたね。そして「ん」の付く食べ物を食べるとさらにいいそうです。「にんじん」「だいこん」「れんこん」などです。

共通しているのは、「根」のものということですね。根菜類（土の中にできる野菜）で、冬が旬であるものが多いのが特徴です。根野菜は水分が少なく、ビタミンC、ビタミンEや鉄などを多く含んでいます。また、土の中で養分をいただいて育つので、身体を温める性質が備わっていると言われています（「しょうが」はまさに、その代表ですね）。ビタミンEは血行促進作用、ミネラルはタンパク質が体内で活用されるそうで、タンパク質は血液や筋肉を作る素となり、体温を維持するのには必要不可欠です。

寒い時だからこそ、自然の大地の恵みをいただきましょう。

12月25日

この世のものは常に変化しています。

この私も変化しています。

だから面白いのです。

しかしそんな私たちでも、念仏をいただくと、真実なるものに出遇っていくということなのです。

諸行無常の世界にあって変わらないもの、それが阿弥陀さまの真実の教えなのです。

12月26日

困ることを「往生する」と言いますが、本当の意味は違います。

「かけがえのない今日一日を、生きました。ありがとうございます」

そう言って一歩を踏み出せる人生が、往生の道なのです。

12月27日

人間は、「私はこういう信心を持っております」「私はこの信念でもって生きています」と言葉にしようとします。

しかし、信心には限界があります。

むしろ「私は無力だ」と自覚することが大事なのです。

ただ、「南無阿弥陀仏」と頭が下がる。

これだけなのです。

12月28日

弦楽器は、弦を張りすぎると「キンキン」と高く聞きづらい音になります。

反対に緩めすぎると、鈍い音になってしまいます。

「冬」に「糸」で、「終わり」という字になります。

冬という一年間の終わりの時季に、自分の身と心を張っている糸のチューニングをしましょう。

12月29日

自分を知ることで、まず自分を認めてください。
素直になれない自分、でも人情味のある自分、弱い自分……すべてがあなたなのです。
そこから信じて歩き始めましょう。
私が私であってよかったと思える人生。
自分にイエスと言える人生。
これが、本当の豊かで幸せな人生なのです。

12月30日

今年は、あなたにとってどんな一年だったでしょうか？
長かった一年だったかもしれません。
辛かった一年だったかもしれません。
しかし、あなたが生きたこの一年は、何一つ無駄にはなっていないのです。

十二月

12月31日

百八の煩悩を払うために除夜の鐘をつく？

いえいえ、残念ながら鐘をついても私たちの煩悩は消えません。

嫌な出来事を忘れたり、新年に希望を託したりするためにつくのでもありません。

自分の煩悩を「音」で確認することに、除夜の鐘のおもむきがあるのです。

自分の人生を重ね合わせて、一音ごとに鐘の響きを味わわせていただきましょう。

おわりに

法衣の下に白衣を身に着けるところから、川村妙慶の一日が始まります。その時に必ず思うことは、「今日が最後かもしれない」ということです。

ある日、講演へ出かける私に、家族は「いつまでもあると思うな人気と仕事」と言いました。普通なら、「いってらっしゃい」「気をつけてね」の優しい一言で励まされるものですが、この言葉は、それが「あたりまえ」と思っていた私に、厳しい「現実」を突きつけてくれる言葉となりました。

私がアナウンサーを目指して、ある放送局の試験を受けた時にはこんなこともありました。面接で「局へ来るまでに、何を感じましたか？」と聞かれたのです。「どんなリポートをしたいですか？」など、職業意識のことをついてくるのかなと思っていたのですが、意外な質問にびっくりしました。

私は、「この街の良い風を感じました。その時に、この風は目には見えないけれど、住んでいる人の生きざまも風と共に漂ってきたようです。と同時に、風を感じる私もここに存在しているという充実感がありました」としどろもどろに話したことを覚えています。

後で番組ディレクターの方にお聞きすると、「仕事では、ただ技術が求められているのではないのです。あなたが日々、何を感じて生きているのか？　それを確認したかったのです」と教えてくださいました。

その後私は、京都の大谷専修学院で真宗の教えに出遇いました。いきなり仏教の知識をたたきこまれるのかなと思ったのですが、そうではなく、さまざまな本の一文が紹介されました。「すべて『生きる』ということにつながるから」と、柔和な顔で師はおっしゃるのです。その中で、最も印象的だったのが茨木のり子さんの詩です。

自分の感受性くらい

ぱさぱさに乾いてゆく心を
ひとのせいにはするな
みずから水やりを怠っておいて

気難かしくなってきたのを
友人のせいにはするな
しなやかさを失ったのはどちらなのか

苛立つのを
近親のせいにはするな
なにもかも下手だったのはわたくし

初心消えかかるのを
暮しのせいにはするな

そもそもが　ひよわな志にすぎなかった

駄目なことの一切を
時代のせいにはするな
わずかに光る尊厳の放棄

自分の感受性くらい
自分で守れ
ばかものよ

私たちは、目に入った状況ですべてを判断します。投げかけられた言葉のきつさ、柔らかさだけで、相手を拒否したり、受け入れたりします。しかし、茨木さんが「感受性」という言葉で伝えたかったのは、「相手の感情を想像できる力を持ち、言葉の背景を奥深く見ることのできる人になりなさい」ということではないでしょうか。

私は、あることがきっかけで、アナウンサーから僧侶として生きていく決意をしました。しかし、決して積極的に僧侶になったわけではありません。「親の犠牲になった。兄が引きこもりをしていなければ、私だってアナウンサーの道を歩めたはず」と怨む日々でした。しかし茨木さんの「ばかものよ」というメッセージによって目が覚めたのです。

「どうしてこんな家族なの？」と嘆いても、自分の思いでつくることのできない、不思議なご縁があって家族と出遇ったのです。私も寺に生まれたという、その尊いご縁を活かしていけばいいのだという気持ちになれました。

「いつまでもあると思うな人気と仕事」という言葉、アナウンサー試験でのやりとり、茨木さんの詩、それらは全て、「妙慶よ、自惚《うぬぼ》れるな！　一生の中の一日をまず大切に生きよ」と言っているかのようでした。

そして、昨年、末期がんを宣告されたKさんから、私の元にメールが届けられました。「死にたいと言って自死した人の一日は、私が生きたいと願った一日でした」。Kさんは、今年の三月にお浄土へと還られました。この言葉も、私にとって忘れられないものとなりました。

どうか与えられた時間を、あなたの人生の一日一日を大切に生き切ってください。すべてのことは無駄ではないのです。

最後になりましたが、出版のお声かけをいただきました法友の小野貴史さん、原稿作成にお力添えくださったお笑い作家の寒来光一さん（実家寺の西蓮寺ご門徒）、「身近な仏教を届けたい」とアイデアを提供くださった国書刊行会の永島成郎さん、そして素晴らしいセンスで本を仕上げてくださった装丁家の三木俊一さん、その他関係者の皆様に心からお礼を申し上げます。

2015年　春の京都より

川村妙慶

いのち輝《かがや》く365日《にち》

2015年 5月25日　初版第1刷発行
2019年12月25日　初版第2刷発行

著　者　川村妙慶《かわむらみょうけい》
編集協力　寒来光一
装　丁　三木俊一（文京図案室）

発行者　佐藤今朝夫
発行所　株式会社 国書刊行会
〒174-0056　東京都板橋区志村1-13-15
TEL: 03-5970-7421　FAX: 03-5970-7427
http://www.kokusho.co.jp
組　版　上田　宙
印　刷　株式会社 エーヴィスシステムズ
製　本　株式会社 村上製本所

ISBN 978-4-336-05904-8

話の泉　**良寛さん一〇〇話●松本市壽**

子供と遊ぶ「手まりの良寛さん」にはもう一つの顔がある。立身出世を拒否し、寺を持たない非僧非俗の「癒しの良寛さん」である。『良寛全詩集』『良寛禅師奇話』『草堂集』から現代に通じる良寛の心を説く。

一九〇〇円＋税

国書刊行会

一休さんの般若心経提唱●牛込覚心

一休さんは「文字般若」に対し「こころ般若」を説く。「文字般若」にとらわれない「こころ般若」の大事さを77節に分けて提唱！　法話の素材としても使える見事な読誦経典。

二三〇〇円＋税

国書刊行会

寺からの手紙——元気をもらう98章●影山妙慧

普通の家から寺に嫁いで20余年、住職はじめ家族一同、日常茶飯の中に仏教徒らしい在り方を求めて奮闘する。そこには、ゆったりし、楽しくなれるヒントがいっぱい！《寺の奥さん》のエッセー集。

一六〇〇円＋税